Beate Forsbach

So schreiben Sie Ihr Buch

Beate Forsbach

So schreiben Sie Ihr Buch

Von der Idee bis zum fertigen Manuskript

Mit Tipps zum Schreiben in Word 2011/2013

Edition Forsbach

Bibliografische Information der Deutschen Nationalbibliothek:

Die Deutsche Nationalbibliothek verzeichnet diese Publikation in der Deutschen Nationalbibliografie; detaillierte bibliografische Daten sind im Internet über http://dnb.d-nb.de abrufbar

Edition Forsbach
Bücher mit Herz

10. Auflage, Bamberg, November 2022

www.edition-forsbach.de

ISBN 978-3-943134-13-1

Coverbild: © lindawelsa – Fotolia.com

Autorenfoto: Theresia Berger,
Präsenz-Fotografie Rimsting am Chiemsee

Printed in Germany

Inhalt

Einleitung

Wer das Ziel kennt, kann entscheiden;
wer entscheidet, findet Ruhe;
wer Ruhe findet, ist sicher;
wer sicher ist, kann überlegen;
wer überlegt, kann verbessern.
(Konfuzius, 551-479 v. Chr.)

Liebe Leserinnen und Leser,

vielen Dank für Ihr Interesse an diesem Buch, das Ihnen beim Schreiben Ihres eigenen Buches helfen möchte. Es wendet sich an angehende Autoren von Belletristik und Sachbüchern, die ihr Manuskript und vielleicht sogar eine druckreife Vorlage selber erstellen wollen. Dieses ist die zweite Publikation im Verlag *Edition Forsbach,* die sich mit dem Schreiben und Veröffentlichen beschäftigt.

Im ersten Band der neuen Reihe *Bücher & Mee(h)r* können Sie erfahren, wie Sie Ihren Traum vom eigenen Buch in sechs Schritten verwirklichen können. Dabei führt Sie der erste Schritt: *Mach, was zu Dir passt!* zu Ihrer ganz persönlichen Buchidee.

Das vorliegende Buch heißt daher nicht: *So schreiben Sie ein Buch,* sondern: *So schreiben Sie Ihr Buch.* Es geht nicht darum, irgendein Buch zu schreiben, sondern Ihr ganz persönliches Buch. Und so führt Sie das zweite Kapitel – nach Vorbereitung und Planung Ihres Buchprojekts – von Ihren Ideen zu Ihrem ganz persönlichen Buchkonzept.

Wenn Sie ein eigenes Buch schreiben möchten, stehen Sie vor einem großen Projekt: Zunächst entwickeln Sie aus Ihren Ideen ein Buchkonzept und suchen einen Titel für Ihr Buch. Sie werden Texte schreiben, mit der Hand oder am Computer, einige Monate oder sogar Jahre lang. Dazu müssen Sie lesen, recherchieren, forschen, später dann die Texte gestalten, drucken und publizieren. Sie müssen überlegen, ob und welche Abbildungen in Ihrem Buch vorkommen sollen, welche Texte anderer Autoren Sie zitieren wollen und wie Sie die Rechte dazu bekommen.

Ich möchte Ihnen zeigen, wie Sie Ihre Ideen und Gedanken Schritt für Schritt in ein Buchmanuskript umsetzen können. Wenn Sie über einen PC, einen iMac, ein Notebook oder ein MacBook und das Programm *Word* verfügen, lässt sich vieles einfacher und übersichtlicher gestalten. Sie können Ihr Manuskript und vielleicht sogar eine Druckvorlage selber erstellen.

Hilfreiche Tipps zu *Word 2011* (Mac) und *Word 2013* (Windows) werden Ihnen die Arbeit erleichtern. Die Tipps zum Schreiben in *Word* sind in fünf Abschnitten zusammengefasst, die in sich einen kleinen Lehrgang bilden.

Die beiden Versionen von *Word* unterscheiden sich kaum, und so habe ich nicht alle Tipps für beide Versionen gesondert beschrieben.

Die Anleitungen zu *Word* werden noch als eigenständige Publikationen erscheinen, für *Word 2011* (Mac) und *Word 2013* (Windows).

Die Verwendung des Textverarbeitungsprogramms *Word* aus dem *Office*-Paket von *Microsoft* ist für jeden, der professionell schreibt, ein „Muss“. Verlage, Book-on-Demand-Anbieter und Lektoren verwenden *Word* ebenso wie manche Druckereien. Und so ist es für jeden angehenden Autor sinnvoll, zumindest die grundlegenden Funktionen des Programms kennen und anwenden zu können. Da *Word* vielfältige Möglichkeiten zur Gestaltung eines Layouts und zur Umwandlung in eine PDF-Datei bietet, kann man sogar Vorlagen für Printbücher und E-Books erstellen.

Im Kapitel 9 *Fertigstellung des Manuskripts* finden Sie Hinweise zum Gestalten eines Layouts und einer Druckvorlage in *Word*. Im nächsten Band unserer Reihe erfahren Sie noch detaillierter, wie Sie aus Ihrem Manuskript eine druckreife Vorlage für die Publikation Ihres Buches erstellen können.

Das Kapitel 10 enthält Informationen über die Möglichkeiten, Ihr Buch zu veröffentlichen. Oft sind es ja ganz individuelle Ideen, die in einem Buch aufgeschrieben werden. Nicht immer finden die Autoren hierfür einen passenden Verlag. Sie publizieren dann ihr Buch im Selbstverlag oder veröffentlichen es als E-Book. Auch hierzu können Sie im dritten Band unserer Reihe *Bücher & Mee(h)r* Genaueres erfahren.

Am Ende des Buches vermittelt Ihnen ein *Kleines ABC des Bücherschreibens* die wichtigsten Begriffe rund um Bücher und Verlagswesen in Kurzform. Eine Auswahlbibliographie und hilfreiche Internetadressen ergänzen diesen Informationsteil.

Ich hoffe, dass Sie nach dem Lesen dieses Buches mehr darüber wissen, wie Sie Ihren Traum vom eigenen Buch realisieren können.

Suchen Sie nun außer konkreten Anleitungen auch noch emotionale Unterstützung, Motivation, Selbstvertrauen, Mutmacher, Stärkungsmittel, Freude auf Ihr eigenes Buch – dann empfehle ich Ihnen den ersten Band unserer Reihe *Bücher & Mee(h)r: Der Traum vom eigenen Buch – Wie Sie ihn verwirklichen können.*

Wenn Sie Lust haben, besuchen Sie eines meiner Seminare auf der Sonneninsel Fehmarn, in Berlin oder Südtirol. Oder buchen Sie ein individuelles Buch-Coaching auf Fehmarn oder per Telefon / Internet.

Inzwischen sind die Bücher *So publizieren Sie Ihr Buch. Vom Manuskript bis zum Selbstverlag. Mit Tipps zu Word 2011/2013 und Indesign CC für Self-Publisher. Schritt für Schritt zum fertigen Layout* erschienen. Dazu gibt es noch kein Seminar, Sie können jedoch ein individuelles Verlags-Coaching bei mir buchen.

Und noch etwas: Sie können dieses Buch zunächst von vorne bis hinten „überfliegen". Suchen Sie sich danach die Abschnitte heraus, die Sie besonders interessieren und arbeiten Sie sie intensiv durch. Probieren Sie auch die *Tipps zum Schreiben in Word* aus, um sie bei Bedarf ohne Mühe anwenden zu können.

Und dann: Fangen Sie einfach an und sagen Sie sich:

Du kannst es!

In Abwandlung des bekannten Mottos *Träume nicht Dein Leben – sondern lebe Deinen Traum* wünsche ich Ihnen:

Träume nicht Dein Buch – schreibe und publiziere es!

Ich wünsche Ihnen dabei viel Freude und Erfolg!

Ihre

Beate Forsbach

So fangen Sie an

Kennen Sie das? Es ist ein wunderschöner Sommertag, aber es ist heute einfach zu heiß. Am Strand waren Sie schon an den letzten Tagen, da ist es jetzt nur voll. Eigentlich haben Sie alles schon erledigt, was sich seit Wochen auf Ihrem Schreibtisch gestapelt hat.

Ein Gedanke drängt sich vor: Heute wäre der richtige Tag, um mit dem Schreiben Ihres Buches zu beginnen! Seit vielen Wochen haben Sie Ihr Buch im Kopf, jeden Tag haben Sie gedacht, dass Sie nun endlich anfangen müssten zu schreiben. Aber zunächst mal erledigen Sie noch einige Post, obwohl Sie wissen, dass die Empfänger zur Zeit im Sommerurlaub sind.

Glauben Sie mir: Auch bei meinem sechzehnten Buch geht es mir immer noch genauso. Dabei liegen schon Vorbestellungen und Rezensionsangebote vor. Alles Material ist vorhanden, ich muss nur noch schreiben. Heute also ist der Tag, an dem ich mit der Arbeit anfange. Denn Schreiben ist richtige Arbeit, das geht nicht „per Knopfdruck" und in Minutenschnelle, wie so viele andere Dinge in unserem Leben, in dem das Tempo häufig der bestimmende Faktor ist. Schreiben braucht Zeit und Muße, vor allem auch Geduld: wenn Sie an einem Tag nur zwei Seiten schreiben und denken, wie Ihr Buch denn jemals fertig werden soll.

Das Wichtigste: Fangen Sie einfach an. Klar, am liebsten würden Sie jetzt schreiben, schreiben, schreiben. Aber was? Für viele Autoren beginnt erst einmal das große Schweigen bzw. das Sitzen vor dem leeren Blatt. Ich beginne daher bei jedem Buch mit „unverfänglichen" organisatorischen Vorbereitungen. Das erleichtert den Start in ein neues Buchprojekt.

Vorbereitungen für Ihr Buchprojekt

Arbeitsumgebung

Ich richte mir zunächst meine Arbeitsumgebung ein und plane mein Projekt. Ich schreibe am liebsten am Schreibtisch, an meinem iMac. Für den Garten oder das Wohnzimmer habe ich ein MacBook, das per WLan mit dem iMac verbunden ist. So kann ich an meinem Buch auch weiter arbeiten, wenn ich nicht am Schreibtisch sitze.

Wo schreiben Sie am liebsten? Am Schreibtisch, im Café, im Garten, am Strand – es gibt kaum einen Ort, an dem nicht geschrieben werden kann. Suchen Sie sich eine Umgebung, in der Sie sich wohlfühlen und ungestört sind. Reservieren Sie einen kleinen Tisch oder ein Regalfach für alle Materialien, die Sie für Ihr Buch brauchen. Denn im Laufe der Arbeit an einem Buch finden Sie ständig Ideen, Gedanken, Fragen, Anregungen, Materialien, Bilder, die Sie sammeln sollten.

Führen Sie von Anfang an ein *Notizbuch* zu Ihrem Projekt. Hier können Sie alle Gedanken, Ideen, Hinweise, Literaturtipps, Internetseiten usw. notieren. Nehmen Sie das Notizbuch immer mit, wenn Sie unterwegs sind. Manchmal bekommen Sie die besten Ideen bei einem ausgedehnten Spaziergang oder im Gespräch mit Freunden. Wenn Sie dann nach Hause kommen, vergessen Sie das alles über den Alltäglichkeiten, die Sie da erwarten. Das Notizbuch begleitet Sie während Ihres ganzen Buchprojekts. Manchmal entdecken Sie später beim Blättern etwas, was Sie schon lange vergessen hatten.

Das Notizbuch kann noch mehr: Es kann Ihr eigenes Buch werden, als Vorabexemplar. Das können Sie auf den Schreibtisch legen und in die Hand nehmen. Sie können sich vorstellen, es sei Ihr eigenes, bereits fertiges Buch. Sobald Sie eine Idee haben, wie Ihr Buchcover aussehen soll, entwerfen Sie es und kleben es vorne auf das Notizbuch. Kleben Sie einen allerersten Klappentext auf die Rückseite.

Ihr Traum hat Gestalt angenommen!! Sie können sich Ihr eigenes Buch vorstellen und sich darauf freuen! Und wenn Sie bereits ein zweites Buch planen, legen Sie dafür auch gleich ein Notizbuch an. Dann legen und schreiben Sie alles, was nicht in das erste Buch gehört, in das zweite Buch hinein.

Legen Sie auch einen *Ordner* an, in dem Sie Materialien zu Ihrem Buch sammeln und speichern. Das kann ein ganz normaler Aktenordner sein, oder aber ein Ordner auf Ihrem Computer.

Ich bevorzuge eine Sammelmappe mit sieben oder mehr Fächern. Darin kann man die Materialien immer wieder neu ordnen und die Kapitel des Buches planen.

Eine solche Mappe ist auch sinnvoll, wenn Sie das Buch am Computer erstellen. Denn Sie können Zeitungsartikel, Notizzettel, Fotos und vieles mehr einfach einlegen, ohne diese zuerst einscannen zu müssen.

Bestimmt sind Sie erstaunt darüber, wenn Ihnen im Internet häufig Seiten und Materialien begegnen, die etwas mit dem Thema Ihres Buches zu tun haben. Die einen erklären das mit dem „Gesetz der Anziehung", die anderen mit der gesteigerten Aufmerksamkeit für das eigene Thema. Vielleicht gibt es einen „guten Büchergeist", der Ihnen helfen will, Ihr Buch zu schreiben. Sie müssen all die Hilfen und Tipps nur erkennen und annehmen.

Und damit Sie die vielen kleinen Hinweise nicht wieder vergessen, können Sie sie in Ihrem Internet-Browser sammeln. Im Browser *Safari* findet sich ein Symbol für eine „Leseliste", in der Sie Links zu interessanten Seiten und Materialien speichern können. In anderen Browsern können Sie sich einfach einen Lesezeichenordner namens *Leseliste* anlegen. Es geht ja nur darum, interessante Websites später wiederzufinden.

Womit schreiben Sie am liebsten? Finden Sie Ihr persönliches Schreibmedium: einen schönen Bleistift, einen Füller, einen besonderen Kugelschreiber, ein Notizbuch, einen Computer, ein iPad …

Der Computer …

In diesem Buch möchte ich Ihnen Tipps geben, wie Sie Ihr Buchprojekt mit Hilfe eines Computers organisieren und das Manuskript schreiben können.

Legen Sie bitte zunächst einen Projektordner *Neues Buch* an mit mehreren Unterordnern, z. B.: Ablage, Bilder, Klappentext, Konzept, Manuskript, Material.

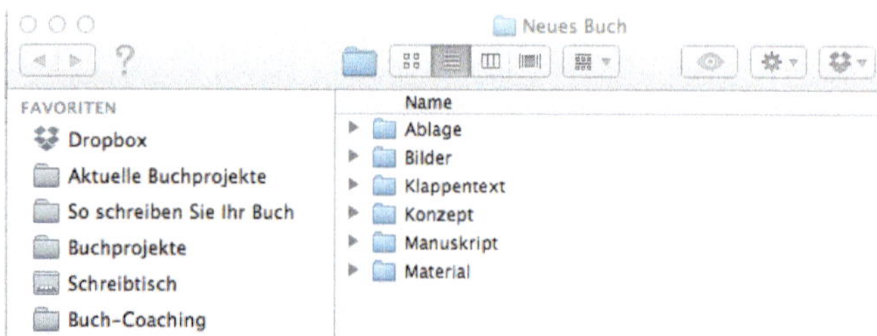

Ablage:

Hier landen alle Dateien, die Sie im Laufe der Arbeit nicht mehr benötigen. Es empfiehlt sich, alles aufzubewahren, bis das Buch fertig ist. Manchmal benötigt man etwas genau dann, wenn man es gerade gelöscht hat.

Bilder:

Hier sammeln Sie alle möglichen Bilder für Ihr Buch.

Konzept:

Hier speichern Sie Notizen zur Buchidee, den Klappentext, das Exposé, Ihr Autorenporträt, Katalogtexte.

Manuskript:

Hier können Sie verschiedene Versionen Ihres Manuskripts aufbewahren.

Material:

Hier sammeln Sie alle Materialien, die als Datei vorliegen: Texte, Bilder, eingescannte Buchseiten usw.

Datensicherung

Fast alle Autoren haben ein großes Vertrauen in die Zuverlässigkeit ihres Computers. Erst kürzlich bat ich eine Autorin, doch die Zeichen in ihrer Manuskriptdatei zu zählen ... Das war das erste Mal, dass ich am Telefon förmlich einen Schweißausbruch und eine erhöhte Atemfrequenz spürte. Die *Word*-Datei war einfach nicht mehr da! Es stellte sich heraus, dass die Autorin sie in den Papierkorb befördert hatte, den sie regelmäßig leert. Zum Glück fand sie dort ihre Datei und konnte sie wiederherstellen.

Bitte legen Sie während der Arbeit an Ihrem Buch alle Dateien, die Sie nicht mehr brauchen, in Ihren Ablage-Ordner und keineswegs in den Papierkorb des Computers.

Es empfiehlt sich, jeden Tag eine neue Manuskriptdatei anzulegen und den Namen mit dem Datum zu ergänzen.

Kopieren Sie am Ende jedes Arbeitstages alle Dateien Ihres Buchprojekts auf einen USB-Stick oder eine externe Festplatte. Drucken Sie die Manuskriptseiten aus, die Sie an diesem Tag geschrieben haben. Falls die Datei verloren gehen sollte, müssen Sie die Änderungen im Text schlimmstenfalls noch einmal abschreiben.

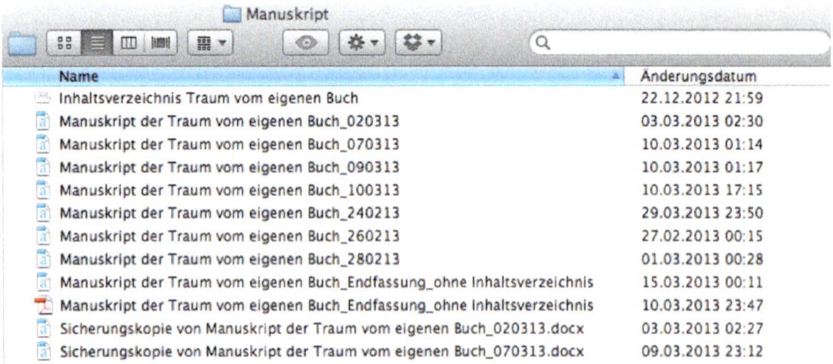

Falls Sie einen Mac besitzen, lassen sich die Daten mit Hilfe des Programms *Time Machine* automatisch auf einer externen Festplatte sichern. Sie können dann jede Datei, die Sie aus Versehen gelöscht haben, wieder herstellen.

Stellen Sie auch das Programm *Word* für die Datensicherung ein, denn *Time Machine* kann nur das wieder herstellen, was abgespeichert war. Öffnen Sie dazu das Fenster *Word-Einstellungen* und klicken Sie die Taste *Speichern* an. Dort wählen Sie die Option *Sicherheitskopie immer erstellen* sowie *AutoWiederherstellen-Info speichern alle 5 Minuten*.

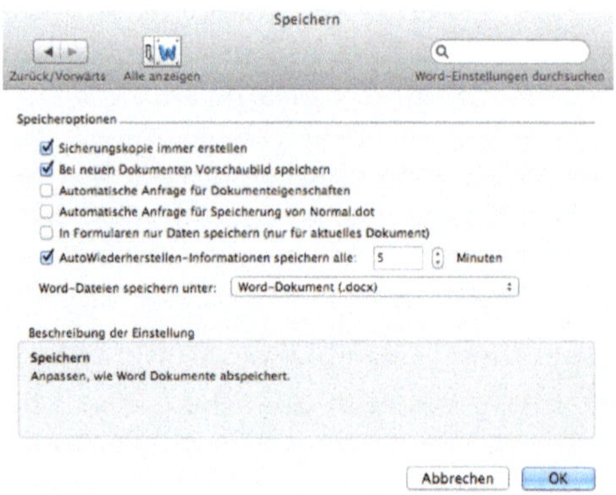

Unter *Dateispeicherorte* können Sie den Ordner *Office 2011 AutoRecovery*, in dem die *AutoWiederherstellen*-Dateien abgespeichert sind, ändern bzw. seinen Platz erkennen. Standardmäßig befindet er sich im Ordner *Microsoft-Benutzerdaten*, den wir im *Dokumentenordner* angelegt haben.

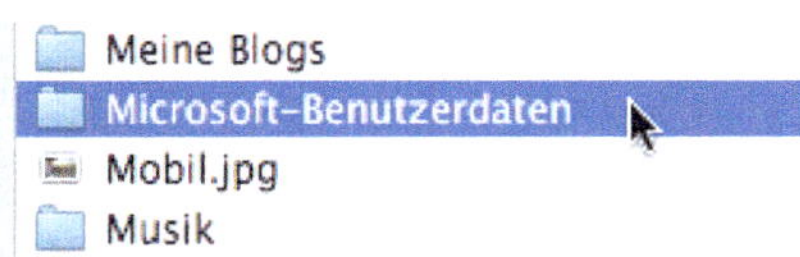

Diese Dateien benötigen Sie nur, wenn Ihr Programm oder der Computer abgestürzt ist. Auch wenn Ihnen das noch nie passiert ist, gibt es viele Autoren, denen der Computer abstürzt, nachdem sie mehrere Stunden an ihrem Manuskript gearbeitet haben. Auch mir ist es mehrmals passiert, dass das Resultat mehrerer Stunden einfach weg war.

Übrigens sollen solche Abstürze meist kurz vor dem Abgabetermin für das Manuskript vorkommen. Der Stress nimmt zu, der Computer läuft heiß, und der Mensch davor ist nicht mehr so ganz bei der Sache. Da passieren einfach Fehler.

Wer ganz vorsichtig ist, legt täglich zwei Sicherheitskopien auf verschiedenen Festplatten, USB-Sticks oder CD-ROMs an und bewahrt eine im Auto oder bei einem Freund auf. Man kann das Manuskript auch täglich per E-Mail an den Freund schicken. Inzwischen gibt es Möglichkeiten, Dateien in einer Cloud oder Dropbox zu sichern.

Planung Ihres Buchprojektes

Ihr Zeitplan

Geben Sie Ihrem Traum einen Termin! Wann soll das Buch fertig sein? Und wann beginnen Sie?

Der Termin sollte möglichst realistisch sein. Wenn Sie in den Sommerferien eine lange Reise mit Ihrer Familie vorhaben, dann wird das Buch wohl kaum in diesen Wochen fertig werden.

Es gibt zwei Möglichkeiten: Sie suchen und finden einen regelmäßigen Termin in Ihrem Alltag, wo Sie dann ungestört sind und Tag für Tag weiter kommen. Oder Sie nehmen sich eine Auszeit, in der alle sonstigen Verpflichtungen ausgesetzt sind. Fahren Sie in eine kleine Ferienwohnung mit Blick aufs Meer und lassen Sie Ihre Lieben zu Hause. Oder mieten Sie sich in einem Wellnesshotel ein. Oder bleiben Sie zu Hause, während Ihre Familie ein paar Wochen weg fährt.

Sie brauchen Zeit zum Schreiben!

100 oder 200 Seiten sind nicht in ein paar Tagen fertig. Überlegen Sie, wann Sie regelmäßig schreiben können. Fast alle Autoren haben Probleme damit, zu schreiben, weil ihre Familie, Freunde oder

die Haustiere mit ihnen zusammen sein wollen. Es gibt Autoren, die früh morgens aufstehen, wenn alle noch schlafen, um dann schon mal zwei Stunden zu schreiben.

Ich schreibe gerne am Nachmittag, wenn mein Mann schläft. Im Winter mache ich vorher einen Spaziergang mit dem Hund, im Sommer zwischendurch. Dann ist der Hund zufrieden – und mir tut der Spaziergang gut. Die Gedanken sind ja weiter bei mir, und beim Laufen am Strand oder über die Felder entspannt sich der Geist. Die Gedanken ordnen sich, oft kommen sogar neue Ideen.

Eine meiner Seminarteilnehmerinnen, die im Alltag stets zu wenig Zeit hat, hatte eine „glänzende" Idee: Sie wollte ihre Gedanken während des täglichen Spaziergangs mit ihrem Hund ins iPhone diktieren. Bei mir würde das nicht klappen. Mein Hund kommt dauernd angelaufen, wenn ich rede. Ich kann nicht einmal telefonieren, wenn wir unterwegs sind. Und die Konzentration fällt schwer.

Besser ist es, einfach zu laufen, sich mit dem Hund des Lebens zu freuen und dann zu Hause zu merken, wie gut der Spaziergang getan hat. Mit einem heißen Tee und etwas Süßem klappt es dann mit dem Schreiben besser als vor der Pause.

Wenn Sie eine Familie und einen Beruf haben, sollten Sie sich einen Terminplan machen: Reservieren Sie täglich oder mehrmals pro Woche eine gewisse Zeit zum Schreiben. Das kann morgens ganz früh sein, bevor die Familie wach wird, oder spät am Abend.

Stellen Sie in dieser Zeit das Telefon ab und schließen Sie das E-Mail-Programm, falls Sie am Computer arbeiten. Nur so können Sie sich wirklich auf das konzentrieren, was Sie schreiben möchten.

Planen Sie einen festen ***Termin*** für das Schreiben ein

Beispiel: Samstag/Sonntag je drei Stunden; oder täglich zwei Stunden – kürzere Zeiten sind nicht empfehlenswert, weil es eine Weile dauert, bis Sie vom Alltag auf das Schreiben umgeschaltet haben.

Finden Sie ein ***Ritual*** für den Beginn Ihrer regelmäßigen Arbeitszeit: eine Tasse Tee, ein bestimmtes Musikstück, eine brennende Kerze, ein Stück Schokolade.

Überlegen Sie am Tag vorher, womit Sie starten wollen, z. B. könnten Sie das durchlesen, was Sie am vorigen Tag geschrieben haben; oder Sie skizzieren ein neues Kapitel oder recherchieren etwas.

Gesamtzeit des Buchprojektes

Neben der täglichen Arbeitszeit sollten Sie auch über die Gesamtzeit für Ihr Buchprojekt nachdenken. Ein Jahr vom ersten Gedanken bis zur Abgabe des Manuskripts ist für ein Buchprojekt normal, eher dauert es länger. Wenn es schneller gehen soll, müssen Sie sich einige Wochen aus dem normalen Alltag ausklinken, Ihren Urlaub zum Schreiben verwenden, oder große Selbstdisziplin haben.

Auch wenn Sie Ihr Buch schon „im Kopf" fertig haben, kostet es viel Mühe, alles aufzuschreiben. Viele Autoren unterschätzen die Zeit, die sie für Recherchen und Sammlung von Materialien brauchen. Die sollte man nicht zu gering ansetzen, denn häufig gibt es gerade hier unerwartete Komplikationen.

Wenn Sie mit dem Schreiben begonnen haben, testen Sie, wie viele Seiten Sie an einem Tag schaffen. Sind es vier Seiten, so brauchen Sie für ein Buch von 200 Seiten immerhin 50 Tage. Das sind zehn Wochen, denn zwei Tage in der Woche sollten frei bleiben für Unerwartetes. Dann brauchen Sie noch einmal etwa 20 Tage, um Ihren Text zu überarbeiten. Es geht ja nicht nur um Fehler, sondern auch um Ergänzungen, Erweiterungen, Kürzungen – alles, was Ihnen beim Überarbeiten einfällt.

Wenn Sie keinen festen Termin für die Fertigstellung Ihres Buches haben, können Sie die Zeiten für die einzelnen Arbeitsphasen addieren und so Ihren möglichen Zieltermin bestimmen.

Ein grober ***Arbeitsplan*** könnte so aussehen:

Vorbereitung und Planung:
Von der Idee zum Buchkonzept – 6 Wochen

Recherche und Materialsammlung:
Vom Exposé zur Rohfassung – 12 Wochen

Überarbeitung und Korrektur:
Von der Rohfassung zum Manuskript – 6 Wochen

Endfassung erstellen:
Abbildungen, Zitate einfügen, Layout gestalten – 6 Wochen

Vielleicht haben Sie den Abgabetermin mit einem Verlag vereinbart oder sich Ihr eigenes Ziel gesetzt. Dann können Sie die zur Verfügung stehende Zeit entsprechend, d. h. im Verhältnis 1:2:1:1 aufteilen.

Beispiel: Das Buch soll in vier Monaten fertig sein

Vorbereitung und Planung – 3 Wochen

Recherche und Materialsammlung – 6 Wochen

Überarbeitung und Korrektur – 3 Wochen

Endfassung erstellen – 3 Wochen

Es bleibt eine Woche Zeitreserve für Unvorhergesehenes.

Tragen Sie diese Zeiten in einen Kalender ein und notieren Sie die konkreten Termine. Falls Sie einen Kalender auf Ihrem Computer verwenden, lassen Sie sich an die Termine erinnern.

Beispiel: Sie starten am 1. Juni, dann sollten Vorbereitung und Planung am 21. Juni beendet sein. Für die Ideensammlung, Recherche und das Schreiben der Rohfassung können Sie sich dann bis zum 2. August Zeit nehmen. Die Überarbeitung und Korrektur erfolgt bis zum 23. August, die Endfassung soll am 13. September fertig sein. Eine Woche später können Sie das Manuskript abgeben – an den Verlag oder in die Druckerei.

Wenn Sie Ihr Buch selber publizieren, kann es dann vier Monate nach Beginn der Arbeit fertig sein. Beim Verlag dauert die Produktion meistens länger.

Wie aus einer Idee ein Buchkonzept wird

Viele Erst-Autoren träumen davon, einen Bestseller zu schreiben. Bevor auch nur ein einziger Text geschrieben ist, sehen sie sich schon in einer Talkshow oder auf der nächsten Buchmesse. Fast jeder möchte mit seinem Buch viel Geld verdienen. Aber es gibt bisher nur eine Idee für das Buch. Wie wird ein Buchkonzept daraus, das man einem Verlag oder den Lesern verkaufen kann?

Manch einer möchte wissen, wie er sein Buch ohne große Mühe veröffentlichen und so oft wie möglich verkaufen kann. Ganz ehrlich: Das geht nicht. Wer keine Lust hat, etwas zu tun, sollte kein eigenes Buch schreiben.

Einige Beispiele:

Andrea möchte schnell Geld verdienen und wählt das Thema *Reich werden* – sie hat recherchiert, dass Bücher zu diesem Thema viele Käufer finden. Sie hat schon einige Bücher zum Thema gelesen und findet im Internet zahlreiche Websites. An einem Wochenende schreibt sie alles auf, was sie gelesen hat und veröffentlicht es als E-Book. Sie bekommt einige wohlwollende Rezensionen von Freunden, die auch ein E-Book geschrieben haben. Und dann – ganz plötzlich – eine erste negative Rezension. Dann noch eine – der Leser beklagt sich über die zahlreichen Rechtschreibe- und Grammatikfehler in dem Buch. In der nächsten Rezension vermisst der Leser eine konkrete Aussage des Buches. Und schon stagniert der anfängliche Erfolg beim Verkauf ihres E-Books.

Günther hat im Laufe der letzten Jahre viele Gedichte geschrieben. Er stellt hundert Gedichte zusammen und lässt sein Buch drucken. Er schenkt seinen besten Freunden das Buch, aber leider kauft es kaum jemand. Auch will es niemand weiter verschenken.

In einem Internetforum findet sich eine Gruppe, die einen Sammelband erstellen möchte. Jeder einzelne Autor muss nur einen Beitrag leisten, und so ist das Buch schnell fertig. Der Erlös soll für einen wohltätigen Zweck gespendet werden. Alle beteiligten Autoren kaufen einige Exemplare des gemeinsamen Buches, so kommt eine hübsche Summe für die Spende zusammen. Aber sonst will es offenbar niemand haben.

Marianne schreibt ein Buch über ihr Leben mit ihren drei Katzen. Ständig fallen ihr neue Erlebnisse ein, die sie jeden Abend in ihr MacBook tippt. Ihr Manuskript wird immer umfangreicher, sie fügt noch einige Fotos von ihren Katzen ein. Ein Verlag für Tierbücher hat Interesse. Aber als man dort das Exposé und die Textprobe der ersten 20 Seiten gelesen hat, bekommt sie eine Absage.

Ein Buch, das andere Menschen lesen und kaufen sollen, braucht ein Konzept, eine Botschaft, die den Leser anspricht und ihm etwas vermittelt. Auch der Sammelband einer Gruppe sollte für Unbeteiligte interessant sein, und er sollte professionell gemacht werden.

Mein erstes selbst produziertes Buch *Leben ist mehr – Lebenskunst lernen beim Älterwerden* war eigentlich als Geburtstagsgeschenk für meinen Doktorvater gedacht. Aber es läuft und läuft seit nunmehr mehr als fünf Jahren, auch als E-Book. Es enthält eine Botschaft: *Leben ist mehr*, die viele Leser anspricht. Auch das Motto *Glück kann man nicht auf morgen verschieben – Leben ist jetzt und hier* gefällt vielen Menschen in der zweiten Lebenshälfte.

Vielleicht haben Sie schon lange die Idee, ein eigenes Buch zu schreiben. Vielleicht schwebt Ihnen auch schon ein Thema vor. Vielleicht möchten Sie einfach Ihr Wissen auf einem Spezialgebiet weitergeben. Oder Sie möchten Ihre Gedichte veröffentlichen. Oder etwas aus Ihrem Leben erzählen, was auch für andere Menschen interessant sein könnte. Vielleicht möchten Sie auch einfach ein Stück Ihrer Vergangenheit bewältigen, indem Sie Ihre Geschichte aufschreiben. Oder Sie möchten ein Buch zu einem besonderen Anlass oder für eine besondere Person schreiben.

Schauen Sie sich einfach in Ihrem Leben um, in Ihrer näheren Umgebung, in Ihrem Beruf oder Ihrem Hobby. Überlegen Sie, ob es dort etwas gibt, worüber Sie ein Buch schreiben könnten. Machen Sie ein Brainstorming und sammeln Sie Ideen für Ihr Buch oder zu Ihrem Thema. Schreiben Sie alles auf, was Ihnen in den Sinn kommt. So können Sie herausfinden, worüber Sie eigentlich nachdenken, was Sie besonders interessiert, was Sie anderen mitteilen möchten.

Und dann überlegen Sie auch, wen das wohl interessieren könnte. Denn Sie möchten ja, dass Ihr Buch auch verkauft wird. Bei Andreas flott geschriebenem E-Book interessierten sich viele Leser für das Thema *Reich werden*. Wer will das nicht? Also gehörten eigentlich alle Menschen zur Zielgruppe ihres Buches. So wurde es nach dem Erscheinen häufig verkauft. Aber als dann die ersten negativen Rezensionen kamen, ließ der Verkauf nach. Denn in Andreas Buch standen lediglich einige Gedanken, die man auf zahlreichen Internetseiten finden kann.

Günthers Gedichtband fand auch bei Lyrik-Liebhabern keinen Anklang, weil einfach nur *Gedichte* drin standen. Es gab kein Thema, kein Motto und so konnte es auch niemand im Internet finden. Denn leider war Günthers Name noch ganz unbekannt.

Auch die Gruppe war etwas enttäuscht, dass niemand außer den Beteiligten ihr Buch kaufen wollte, obwohl es doch einem wohltätigen Zweck diente. Beherzt planten die Autoren ein zweites Buch und wählten das Thema *Wie ich meine Angst besiegte*. Das neue Buch enthielt lauter persönliche, zum Teil recht emotionale Geschichten. Der Leiter der Gruppe schrieb eine Einführung zu dem Thema. So wurde dieses Buch ein exzellenter Ratgeber, es fand viele Leser und Käufer. Seitdem kann die Gruppe jedes Jahr zu Weihnachten eine ansehnliche Spende an ein Kinderheim überweisen.

Marianne war enttäuscht, aber eine gute Freundin sagte ihr, warum auch sie dieses Katzenbuch nicht kaufen würde. Sie kannte ja Mariannes alltägliche Geschichten schon aus den Telefonaten. Da erfand Marianne einen *tollen Kater*, der nachts in ihrem Bücherzimmer schlief und schon am frühen Morgen hinaus auf Pirsch ging. Sie erfand unglaubliche Geschichten und erzählte sie unterhaltsam. Ihre Freundin bekam auch Freude daran und steuerte einige Zeichnungen des *tollen Katers* bei. Und tatsächlich bekam Marianne einen Vertrag bei einem Kinderbuchverlag. Inzwischen schreibt sie schon an der vierten Folge der Bücher vom *tollen Kater*. Und alle Bücher sind ein Erfolg.

Ideen für ein Buch

Es gibt Autoren, die morgens aufwachen und ganz genau wissen, welches Buch sie schreiben wollen. Sie melden sich bei einem Seminar oder einem Buch-Coach an, um Unterstützung beim Schreiben zu bekommen. Denn sie haben ihr Buch bereits vollständig fertig – im Kopf. Mit einem Male kommen weitere Ideen – da kann man ja drei oder vier Bücher schreiben. Toll! Jeder Besuch in einer Buchhandlung bringt sie auf neue Ideen.

Wenn es Ihnen so oder ähnlich geht, schreiben Sie doch einfach mal alle Ihre Ideen für ein Buch auf. Wir verwenden das *Alternativrad* – den *absoluten Lösungsfinder* nach Sabine Asgodom (dargestellt in ihrem Buch *So coache ich*, München 2012, S. 85-91).

Das Alternativrad

Malen Sie einen Kreis mit 10-12 Speichen auf ein großes Blatt.

1. Schreiben Sie einfach alle Buchideen an die Speichen, die Ihnen einfallen. Es kann ruhig etwas Absurdes dabei sein, z. B: *Mord am Südstrand, Mein größtes Geheimnis* oder *Ratgeber fürs Lesen*. Schreiben Sie ruhig auch etwas Verrücktes, etwas Fantasievolles, etwas Unmögliches – lassen Sie Ihren Träumen freien Lauf.
2. Nun dürfen Sie für jede Idee Punkte vergeben – von null bis zehn. Null bedeutet: das gefällt mir gar nicht, zehn bedeutet: ganz toll.
3. Nun schauen Sie sich die Ideen mit den höchsten Punktzahlen an: Gibt es mehrere Favoriten? Kann man die vielleicht zusammenfassen?
4. Nun müssen Sie die Umsetzungsmöglichkeiten checken: Was weiß ich schon darüber? Was müsste ich tun, um ein Buch dazu zu schreiben? Was interessiert mich besonders daran? Und dann sollten Sie sich einen Plan machen, um Ihr Buchprojekt anzugehen.

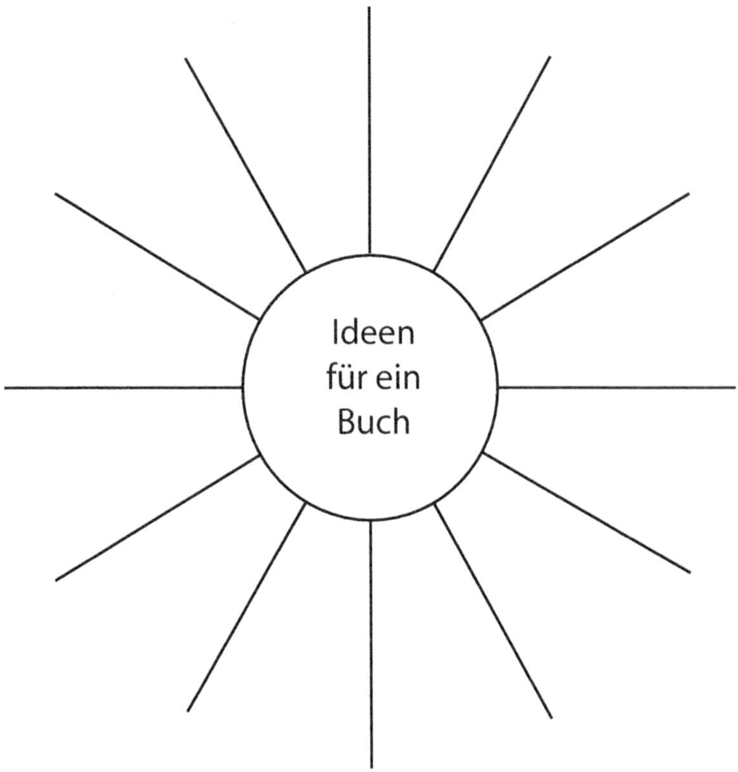
Ideen
für ein
Buch

Walt-Disney-Strategie

Bevor Sie sich für eine Buchidee entscheiden, können Sie Ihre Ideen auch noch mit der sogenannten *Walt-Disney-Strategie* überprüfen

Sie kennen ja sicher den Zeichner und Filmproduzenten Walter Elias „Walt" Disney, den Vater von Mickey Mouse, Donald Duck und den Aristocats, den Erfinder von Mary Poppins, Cinderella und dem König der Löwen. Walt Disney wurde nur 65 Jahre alt, aber er hat unglaublich viele herrliche Figuren erfunden und unvergessliche Filme produziert, die sich Jung und Alt immer wieder anschauen können.

Von ihm stammt die *Walt-Disney-Strategie*, eine einfache und zugleich geniale Methode, um seine Ideen und Einfälle zu sichten und seine Visionen zu realisieren. Er betrachtete und durchleuchtete jedes seiner visionären Projekte in drei unterschiedlichen Rollen: als Träumer, als Realist und als Kritiker.

Wir alle spielen diese drei Rollen, doch oft vermischen wir sie. So kann der Realist den Träumer zum Schweigen bringen, bevor er seine Ideen äußert. Der Kritiker in uns macht meist den Realisten und auch den Träumer mundtot: Das geht doch sowieso alles nicht! Der Träumer übergeht gerne den Realisten und den Kritiker und wundert sich, wenn er seine Träume niemals realisieren kann. Diese Rollen sind bei jedem Menschen unterschiedlich ausgeprägt.

Mit der Walt-Disney-Strategie können Sie versuchen, die Rollen ausgewogen zu spielen, um Ihre beste Buchidee zu verwirklichen:

Beginnen Sie mit der *Rolle des Träumers* und lassen Sie Ihrer Fantasie freien Lauf! Notieren Sie alle Ihre Buchideen, ohne Rücksicht auf die Realität. Stellen Sie keine Fragen und äußern Sie keine Kritik, sondern schreiben Sie alles auf, auch wenn es zunächst noch so „verrückt" klingt.

Nun begeben Sie sich in die *Rolle des Realisten*. Fragen Sie sich, wie Sie Ihre Buchidee umsetzen könnten. Sammeln Sie alle verfügbaren Informationen über Ihre Buchidee und prüfen Sie, was Sie schon alles darüber wissen und welche eigenen Texte Sie dazu haben. Machen Sie dann einen Plan, wie Sie Ihre Buchidee Schritt für Schritt realisieren können.

Schließlich nehmen Sie die *Rolle des Kritikers* ein und durchleuchten Ihre Idee nach Schwachstellen und Denkfehlern. Lassen Sie sich von der Kritik nicht einschüchtern, sondern suchen Sie nach konkreten Verbesserungsvorschlägen.

Um sich diesen Rollenwechsel etwas zu erleichtern, können Sie verschiedene Räume aufsuchen oder verschiedene Plätze einnehmen. Träumen Sie in einem Schaukelstuhl, im Garten oder bei einem Strandspaziergang. Setzen Sie sich als Realist an Ihren Schreibtisch mit Computer, dort haben Sie meist fast alle Ihre Informationen zur Verfügung. Suchen Sie sich für die Kritik einen schlichten, sachlichen Platz. Wichtig ist, dass Sie auf Platz 1 und 2 nicht kritisieren, und auf Platz 2 und 3 nicht neue Ideen entwickeln. So können Sie Ihre Visionen ständig verbessern und nach und nach die Bücher schreiben, die Sie gerne schreiben möchten.

Ideen-Fragebogen

Eine andere Möglichkeit ist, zu jeder Idee einen kleinen Ideen-Fragebogen auszufüllen. Ich bin sicher, dass Sie schnell merken, welches Ihre ganz persönliche aktuelle Buchidee ist. Vergessen Sie die anderen Ideen aber nicht, vielleicht haben Sie ja Lust, weitere Bücher zu schreiben.

Ihre Buchidee
Worum geht es in Ihrem Buch?
Für wen ist dieses Buch? Wer soll es kaufen?
Versuchen Sie, es jemandem „schmackhaft“ zu machen.
Konkurrenztitel: Gibt es bereits ähnliche Bücher?
Was ist das Besondere an Ihrem Buch?

Ihr persönliches Buchkonzept

Wenn Sie nun Ihre bevorzugte Buchidee besser kennengelernt haben, entwickeln Sie daraus ein Buchkonzept. Beginnen Sie mit einem groben Plan, wie Ihr Buch aussehen und was darin stehen soll.

Die folgenden Anregungen können Ihnen helfen, das Konzept zu konkretisieren.

Erste Anregung:

Machen Sie ein Brainstorming zu Ihrer Buchidee – notieren Sie alle Ideen, Gedanken und Fragen in Stichworten. Schreiben Sie einfach alles auf, ohne über die einzelnen Punkte nachzudenken.

Zweite Anregung:

Suchen Sie in einer Bibliothek oder in einem Buchladen (auch im Internet) nach Büchern zu Ihrem Thema. Lesen Sie die Klappentexte und schauen Sie ins Inhaltsverzeichnis. Überlegen Sie, ob und warum Sie dieses Buch kaufen würden. Ist ein Buch besonders interessant für Ihr Thema, lesen Sie es und werten es aus – Sie müssen ja nicht alles wieder neu recherchieren.

Dritte Anregung:

Schreiben Sie einen Brief an einen Freund oder Bekannten, der sich mit Ihrem Thema auskennt oder sich dafür interessiert. Erläutern Sie ihm Ihre Buchidee und erzählen Sie, warum Sie dieses Buch schreiben möchten.

Vierte Anregung:

Schreiben Sie einen Brief an jemanden, der sich nicht mit Ihrem Thema auskennt. Vielleicht erzählen Sie Ihrem zehnjährigen Patenkind oder Ihrer Mutter, was in Ihrem Buch stehen soll.

Fünfte Anregung:

Stellen Sie sich vor, Sie hätten fünf Minuten Zeit, um in einer Radiosendung über Ihr Buch zu sprechen. Sprechen Sie auch über Ihren persönlichen Bezug zum Thema, geben Sie sich als Fachexperte zu erkennen.

Sechste Anregung:

Entwerfen Sie einen Klappentext zu Ihrem geplanten Buch. Das ist ein Kurzwerbetext, der zu den wichtigsten Verkaufsargumenten für Ihr Buch gehört. Der Klappentext sollte kurz und verheißungsvoll sein. Er sollte nicht mehr als 300 Worte umfassen und kurze, klare Sätze enthalten.

*****

Diese Anregungen sollen Ihnen helfen, Ihr Buchkonzept zu klären, indem Sie sich gedanklich aus verschiedenen Perspektiven damit auseinandersetzen.

Nachdem Sie nun aus Ihrer Idee ein Buchkonzept entworfen haben, können Sie sich Gedanken über einen passenden Buchtitel machen.

So finden Sie einen Titel für Ihr Buch

Wenn Sie Ihr Buch schreiben, sollten Sie sich zunächst nicht um den Titel, das Cover und die Seitengestaltung, also das Layout, kümmern. Zunächst muss der Text fertig sein, damit Sie ihn gestalten können. Und vorerst reicht ein Arbeitstitel.

Suchen Sie bitte nicht krampfhaft nach einem zündenden Titel für Ihr Buch. Aber denken Sie immer mal wieder daran, und suchen Sie ein wenig bei Amazon oder im VLB (Verzeichnis lieferbarer Bücher, zu finden unter http://www.buchhandel.de).

Es gibt Autoren, die bereits sehr früh einen schönen Buchtitel gefunden und sich daran gewöhnt haben. Überall erzählen sie, dass sie ein Buch mit dem Titel XYZ schreiben. Manche sind später enttäuscht, wenn sie feststellen, dass es bereits ein Buch mit genau diesem Titel gibt. Es fällt dann schwer, einen anderen Titel zu finden.

Sie dürfen keinen Titel verwenden, den es bereits gibt. Das nennt man Titelschutz. Sie können sogar für Ihre eigene Idee einen Titelschutz beantragen, damit Ihr Titel geschützt ist, bis Ihr Buch erscheint. Der Börsenverein des Deutschen Buchhandels veröffentlicht auf seiner Website ein Merkblatt zu Titelschutzfragen, in dem Sie sich genauer informieren können.

http://www.boersenblatt.net/template/bb_tpl_titelschutz/

Wenn Sie Ihr Buch in einem Verlag veröffentlichen wollen, sollten Sie nicht auf einem einzigen Titelvorschlag beharren. Verlage haben oft andere Kriterien für Buchtitel als Autoren.

Titel und Untertitel sollten wichtige Suchbegriffe enthalten, damit Ihr Buch bei Amazon & Co. gefunden wird. *Geschichten von Hans Christian und mir* klingt zwar sehr persönlich, aber besser ist der Titel: *Leben allein genügt nicht. Von der Kunst des Älterwerdens.*

Beachten Sie, dass der eigentliche Titel unverwechselbar ist. Wenn Sie alles Wesentliche erst im Untertitel nennen, wird Ihr Buch vielleicht nie gefunden. Denn auf dem Buchrücken ist nur der eigentliche Titel abgedruckt. In einer Buchhandlung schaut man in der Regel nur die Buchrücken an, es sei denn, das Buch ist besonders ausgestellt oder liegt auf einem themenbezogenen Tisch. Dazu muss der Buchhändler es aber zuvor gefunden haben.

Hierzu ein Beispiel aus unserem Verlag: *Ein leiser Abschied* ist der Titel einer Erzählung, in der die Frau an Alzheimer erkrankt und sich in ein Pflegeheim begibt. Der Ehemann hilft ihr mit klassischer Musik, sich zu erinnern und Rückschau auf ihr Leben zu halten. Interessierte Leser würden bei einer Internetsuche nicht auf dieses Buch stoßen, daher haben wir ihm den Untertitel *Liebe, Demenz und Musik* gegeben.

Der Buchtitel sollte erklären, worum es im Buch eigentlich geht. Insbesondere bei Fachbüchern ist das üblich – wer würde sonst ein solches Buch kaufen? *Einführung in die Lineare Algebra, Musikgeschichte im Überblick, Buchsatz für Autoren, Das große Homöopathie-Handbuch* sind Titel, bei denen der Leser erkennt, was ihn erwartet.

Wie man gute Überschriften und Buchtitel formuliert, kann man aus der BILD-Zeitung lernen. Ein paar Beispiele: *So machen Sie Garten & Balkon winterfest, So faszinierend ist Kenia, Die Erfolgsstory der Lara Croft, Singles sind schlanker – Liebe macht dick, Ist das Kunst oder kann das weg?.*

Schreiben Sie die wichtigen Begriffe auf, die den Inhalt Ihres Buch bestimmen. Gibt es einen Begriff, den Sie geprägt haben? Der sollte dann unbedingt im Titel vorkommen. Welche Begriffe stehen in den Kapitelüberschriften? Gibt es einen verbindenden Begriff?

Der Titel sollte möglichst nicht negativ formuliert werden: *Das Leben wartet nicht* klingt eher abschreckend, der Untertitel *7 Schritte zum Wesentlichen* ist besser! *Der Weg zum Wesentlichen* klingt vielversprechend! Oder: *Das Wesentliche ist einfach!*

Beliebt bei Ratgeber-Büchern sind Titel, die die Bedürfnisse des Lesers ansprechen: *Einfach heiraten, Die Kunst, erfolgreich zu sein, So gewinnen Sie mehr Lebenskraft, Für ein Leben in Fülle, Altern ohne Angst, Lass Dir Zeit zum Träumen, Du bist genial!, Du kannst es!* – diese Titel versprechen den Lesern einen unmittelbaren Nutzen.

Und dann gibt es noch Buchtitel, die besonders bei Sachbüchern beliebt sind. Sie verheißen neue originelle Darstellungen von Inhalten, die auch in anderen Büchern zu finden sind: *Simplify your life, Lebe wild und unersättlich, Dein Körper weiß alles über dich, Große Lust auf ganz viel Glück, Der Traum vom eigenen Buch, Mehr Zeit fürs Glück, Das sanfte Gesundheitsbuch für Frauen, 115 Ideen für ein besseres Leben* – das sind nur einige Beispiele für individuelle Sachbuch-Titel.

Weitere Beispiele für Buchtitel:

So coache ich. 25 überraschende Impulse, mit denen Sie erfolgreicher werden von Sabine Asgodom ist ein Beispiel für einen professionell gestalteten Sachbuch-Titel mit entsprechendem personenbezogenen Cover. Zum einen nutzt er die Prominenz der Autorin und benennt die Zielgruppe, zum anderen verspricht er, welche Bedürfnisse des Lesers durch das Buch erfüllt werden.

Bird by Bird. Wort für Wort. Anleitungen zum Schreiben und Leben als Schriftsteller von Anne Lamott ist ein guter Titel, der aussagt, was in dem Buch steht. Das Buch ist entsprechend oft verkauft worden.

Fehmarn mit Hund. Ein Inselführer ist ein Titel, der eigentlich nur aus Schlagworten besteht und alles aussagt, worum es in dem Buch geht. Man kann den Titel weitersagen, wenn Bekannte nach so einem Buch fragen. Entsprechend oft verkauft sich dieses Buch.

Bei Romanen kann man eher fantasievolle Titel formulieren, die nur wenig über den Inhalt aussagen. Die meisten Leser interessieren sich für den Klappentext, ehe sie einen Roman kaufen.

Sehr erfolgreiche Autoren wie Elisabeth George haben allerdings trotzdem kurze, aussagekräftige Titel: *Gott schütze dieses Haus*, *Keiner werfe den ersten Stein* oder *Auf Ehre und Gewissen*. Solche Titel kann man sich leicht merken, wenn man z. B. die Buchvorstellung in einer Zeitschrift gelesen oder das Buch einer Freundin empfehlen möchte.

Ist der Autor eher unbekannt, kommt es noch viel mehr auf einen aussagekräftigen Titel an. *Unvollständige Erinnerungen* kann eine so bekannte Autorin wie Inge Jens verfassen. Renate Klerx nennt ihr erstes Buch mit Lebenserinnerungen *Mein Weg zurück. Ein Meer voll Tränen*. Das kann Interesse wecken.

Im Laufe der Arbeit an Ihrem Buch sollten Sie nicht endlos über den Titel nachdenken oder mit Ihrer Lektorin diskutieren. Es ist gut, wenn der Titel feststeht, damit die Vorabwerbung für Ihr Buch beginnen kann. Auch sollte das Coverbild dann irgendwann ausgewählt sein, damit der Verlag mit Titel und Buchcover werben kann.

Genauso ist es mit dem Klappentext und dem gesamten Exposé: Ist Ihr Buch noch nicht geschrieben, gibt es noch einige Unwägbarkeiten. Sie können Klappentext und Exposé dann im Laufe der Zeit noch ein wenig anpassen.

Optimal ist es, wenn Titel, Cover und Klappentext etwa 2-3 Monate vor dem Erscheinen des Buches feststehen. Der Verlag trägt den Titel dann im VLB, dem Verzeichnis lieferbarer Bücher ein. Der Eintrag erscheint kurz darauf auch im Katalog des Internetbuchhändlers Amazon und kann dort manchmal sogar bereits vorbestellt werden.

Aber Vorsicht! Wenn Sie nicht wissen, wann das Manuskript Ihres Buches fertig sein wird, sollten Sie das Erscheinen des Buches noch nicht öffentlich ankündigen. Es kommt immer wieder vor, dass der Erscheinungstermin eines Buches verschoben wird. Bei einem interessanten Buchtitel steigert das die Vorfreude und die Zahl der Vorbestellungen. Es ist ein gutes Gefühl, ein Buch fertig zu stellen, das bereits viele Leser bestellt haben.

Wenn Sie nun doch noch keinen Titel für Ihr Buch gefunden haben, dann gehen Sie erst einmal die nächste Aufgabe an: Schreiben Sie ein Exposé für Ihr Buch!

So schreiben Sie ein Exposé

Ein Exposé ist eine Art Kurzbeschreibung Ihres Buchprojektes. Es kann in verschiedenen Phasen verfasst werden. Auch wenn es zunächst als zusätzliche Arbeit erscheint, kann es Ihnen später unnötige Mühe ersparen. Schreiben Sie ein Exposé für Ihr Buch, egal ob es Ihre Lebensgeschichte, ein Sachbuch, ein Krimi, ein Roman oder ein Ratgeber werden soll.

Sie können das Exposé ganz zu Beginn Ihrer Arbeit am Buch schreiben, nachdem Sie Ihre eigenen Ideen notiert und / oder eine erste Recherche zu Ihrem Thema durchgeführt haben. Vielleicht haben Sie dann schon eine vorläufige Gliederung erarbeitet.

Ist das Manuskript noch nicht geschrieben, so ist das Exposé ein Plan, ein konzeptioneller Entwurf Ihres Buches. Hier werden die Inhalte und Ziele festgelegt, die Zielgruppe des Buches und der Zeitrahmen. Das Exposé dient Ihnen als Arbeitsgrundlage für Ihr Buchprojekt und kann verhindern, dass Sie unnötig vom Thema abschweifen.

Ein schriftlich fixiertes Exposé kann Ihnen helfen, die konzeptionellen Schwächen Ihres Buchprojektes aufzudecken. Außerdem können Sie feststellen, ob es überhaupt realistisch ist, das Buch in der vorgesehenen Zeit zu schreiben.

Sie können das Exposé auch erst dann schreiben, wenn Ihr Buchmanuskript fertig ist. Dann dient es der Kurzinformation über das geplante Buch. Damit können Sie sich bei Verlagen bewerben. Sie machen Werbung für sich und Ihr Buch.

Ich empfehle Ihnen, bei Fach- und Sachbüchern mit einem Exposé zu beginnen, bevor Sie das Manuskript erstellen. Verlage haben häufig ihre eigene Vorstellung dazu, was in einem Sach- oder Fachbuch stehen soll. Darüber kann man sich anhand des Exposés einigen, bevor das gesamte Manuskript erstellt ist.

Ein Exposé hat keine vorgeschriebene Form. Das eigentliche Exposé ist ein Kurzwerbetext, den Sie z. B. als Klappentext auf der Rückseite des Buches oder auch im Rahmen der Einleitung finden. Weitere Bestandteile sind vor allem dann sinnvoll, wenn Sie Ihr Buchprojekt einem Verlag oder einer Literaturagentur vorstellen wollen.

Exposé für einen Gedichtband oder einen Kurzgeschichtenband

Manche Autoren denken, dass sie für einen Gedichtband oder eine Sammlung von Kurzgeschichten kein Exposé brauchen. Was aber will der Autor dem Lektor oder Verleger über sein Buch sagen? Was soll der Verleger den möglichen Lesern und Käufern sagen? Einfach nur *Gedichte aus fünf Jahren* oder *Aus meiner Geschichtensammlung* ist doch zu wenig.

Man kann in das Exposé schreiben, welcher Art die Gedichte oder Geschichten sind, und welchen Zusammenhang es zwischen den einzelnen Texten gibt. Wenn alles nur bunt zusammen gewürfelt ist, taugt es nicht für ein Buch. Denn wie jedes Buch braucht auch ein Gedichtband einen „roten Faden“, der alles zusammen hält.

Zum Exposé des Gedichtbandes gehört unbedingt die Zielgruppe – sonst wird kein Verlag Ihr Buch drucken. Wenn Sie einen Geschenkband für ältere Menschen zusammenstellen, sollten die Gedichte auch für diesen Zweck und diese Zielgruppe geeignet sein. Selbst wenn ein Gedicht noch so schön ist, sollten Sie es weglassen, falls es nicht zur Zielgruppe passt. Die richtige Reihenfolge der Gedichte gehört ebenfalls zum Konzept eines Gedichtbandes.

Ein Gedichtband kann auch in größere Abschnitte gegliedert werden – ein einfaches und doch häufig verwendetes Gliederungsschema sind die Jahreszeiten. Das passt zu einem Band mit Gedichten „rund ums Jahr". Auch wenn eigentlich jedes Thema irgendwie zum Jahreskreis passt, sollten Sie sich doch auf Gedichte beschränken, die einen Bezug zu Frühling, Sommer, Herbst oder Winter haben.

So kann jeder – der Verleger wie der Käufer und Leser Ihres Buches – erkennen, nach welchen Kriterien Sie Ihre Gedichte oder Geschichten ausgewählt haben. Übrigens darf das Exposé bei Gedichtbänden recht kurz sein, sollte aber mindestens die Thematik, die Art der Texte und die Zielgruppe enthalten.

Ein Beispiel aus der Edition Forsbach ist das Buch *Mit Herrn Krause durch das Jahr 2014*. Dieses Buch mit nur 13 Gedichten hat ein klares Konzept. Die Presse wie auch das Publikum bei der Buchvorstellung wussten genau, worum es ging:

In amüsanten Reimen erzählt der Autor die Geschichte von zwei verschiedenen und doch auch ähnlichen Zeitgenossen: Herr Krause erlebt im Winter auf Gran Canaria das pure Leben. Sein Nachbar, der zu Hause auf Fehmarn Krauses Blumen gießt, blüht erst im Frühjahr auf. – Ein außergewöhnlicher Kalender mit Gedichten, Fotos von Fehmarn und Gran Canaria, Kalendarium und Raum für Notizen.

Bei *Kurzgeschichten-Sammlungen* darf das Exposé durchaus auch inhaltliche Aspekte enthalten. Finden Sie ein übergeordnetes Thema, das auch im Buchtitel erscheint. Gibt es mehrere Unterthemen, so ordnen Sie die einzelnen Geschichten diesen Unterthemen zu. Und denken Sie bitte auch bei Kurzgeschichten daran, die Zielgruppe möglichst exakt zu beschreiben.

So könnte Ihr Exposé aufgebaut sein:

- Deckblatt: Titel – Untertitel – von Autor/in – Exposé
- Profil des Autors/der Autorin
- Zum Inhalt des Buches
- Gliederung/kommentiertes Inhaltsverzeichnis
- Konkurrenztitel oder vergleichbare Bücher
- Zur Zielgruppe des Buches
- Verkaufsargumente für das Buch
- Umfang
- Voraussichtlicher Abgabetermin des fertigen Manuskripts
- Ideen zum Marketing

Deckblatt: Titel – Untertitel – von Autor/in – Exposé

Geben Sie bitte den vorläufigen Titel und den Untertitel Ihres Buches sowie Ihren vollständigen Namen und Ihre Kontaktdaten an. Nennen Sie auf dem Deckblatt auch das Genre Ihres Buches, damit Ihr Exposé gleich auf dem richtigen Schreibtisch landet.

Profil des Autors/der Autorin

Aus Ihrer Kurzbiografi sollte hervorgehen, was Sie zum Experten für Ihr Buchthema macht. Schreiben Sie nicht alle Schulabschlüsse und Tätigkeiten auf. Nennen Sie die Fakten zu Ihrer Ausbildung, Ihren Qualifikationen, beruflichen Tätigkeiten und bisherigen Publikationen, die im Zusammenhang mit Ihrem Buch wichtig sind.

Wenn Sie eine Website oder einen Blog zu Ihrem Buchthema haben, geben Sie das bitte an. Der Verlag, der Ihr Exposé als Bewerbung bekommt, möchte ja schließlich auch wissen, ob Sie im „stillen Kämmerlein" geschrieben haben, oder ob Sie bereits Kontakt mit einer interessierten Leserschaft haben.

Zum Inhalt des Buches

Schreiben Sie eine kurze Inhaltsangabe, ähnlich wie im Klappentext: Hier ist Werbung fehl am Platze, und auch den Mörder im Krimi sollten Sie verraten. Der Inhalt sollte auf maximal einer DIN-A4-Seite gut gegliedert beschrieben werden. Benennen Sie die Personen und Fakten: wer – was – wo? Der Lektor, der Ihr Exposé lesen soll, sollte nicht auf mögliche Überraschungen und Geheimnisse vorbereitet werden, sondern beim schnellen Lesen den Inhalt erfassen können. Fügen Sie noch einen Kurztext von 8-10 Zeilen hinzu, aus dem hervorgeht, worum es in Ihrem Buch geht.

Gliederung/kommentiertes Inhaltsverzeichnis

Vor allem bei Sachbüchern ist es sinnvoll, die geplante Struktur des Buches in einer kurzen kommentierten Gliederung vorzustellen. Rechnen Sie damit, dass ein Verlag noch ein wenig mitgestalten will – legen Sie sich vorab nicht in allen Einzelheiten fest.

Konkurrenztitel oder vergleichbare Bücher

Geben Sie die Titel vergleichbarer Bücher an. Wenn es schon zehn oder mehr Bücher zu Ihrem Thema gibt, interessiert es den Verlag, was das Besondere an Ihrer Buchidee ist. Einerseits scheint das Interesse der Leser an diesem Thema groß zu sein, andererseits hat man Konkurrenz durch andere Bücher. Wenn es zu Ihrem Thema gar keine Konkurrenztitel gibt, sollten Sie überlegen, woran das liegt. Vielleicht ist das Thema zu speziell oder die Zielgruppe zu klein?

Zur Zielgruppe des Buches

Beschreiben Sie die Zielgruppe des Buches möglichst exakt, auch ihre ungefähre Größe und auf welchen Wegen – Medien, Netzwerk, Veranstaltungen – sie erreicht werden kann. Das ist für den Verlag wichtig. Das Buch eines Vortragsredners wird sich sicher besser verkaufen lassen als der Roman einer Hausfrau ohne Netzwerk. Schreiben Sie, welchen speziellen Nutzen Ihre Zielgruppe durch Ihr Buch haben wird.

Verkaufsargumente für das Buch

Nennen Sie mindestens drei Verkaufsargumente für Ihr Buch! Warum ist es von besonderem Interesse? Warum sollte es ein Leser kaufen? Wie aktuell ist Ihr Buch? Wie relevant für die Zielgruppe?

Umfang

Geben Sie den geplanten Umfang Ihres Buches an – entweder in einem bestimmten Seitenformat (z. B. 12 x 19 cm) oder nach Normseiten (1500 Zeichen mit Leerzeichen) berechnet.

Voraussichtlicher Abgabetermin des fertigen Manuskripts

Geben Sie den Termin an, zu dem Ihr Manuskript fertig sein wird. Planen Sie „Pufferzeiten" ein. Falls Sie einen Wunscherscheinungstermin haben, nennen Sie ihn.

Ideen zum Marketing

Beschreiben Sie Ihre Ideen und Möglichkeiten, für das Buch zu werben: Welche Personen, Institutionen, Zeitungen und Zeitschriften sollten ein Ansichts- oder Rezensionsexemplar Ihres Buches bekommen? Kennen Sie Journalisten oder andere Personen, die Ihr Buch weiter empfehlen können? Welche Unternehmen, Vereine oder Verbände hätten Interesse an Ihrem Buch? Welche könnten die Verbreitung unterstützen, eine Anzeige schalten oder eine größere Menge Ihres Buches kaufen? Wie viele Bücher werden Sie für den Eigenbedarf erwerben? Halten Sie Vorträge über das Thema Ihres Buches? Können Sie Lesungen durchführen? Planen Sie eigene PR-Aktivitäten? Welche PR-Maßnahmen fallen Ihnen darüber hinaus noch ein?

Beispiel eines Exposés

Das folgende Exposé für das Buch *Wissenschaftliches Arbeiten am Mac* ist in Kooperation mit dem Verlag entstanden. Diese Phase der konzeptionellen Arbeit wurde beendet durch die Veröffentlichung der Website zum Buch, die auch nach Erscheinen des Buches weitgehend unverändert blieb. Diese Arbeitsmethode hatte den Vorteil, dass ein klarer Leitfaden zum Schreiben des Manuskripts vorlag. Trotzdem gab es im Laufe der Arbeit unvorhergesehene Ereignisse, die ein Abweichen vom ursprünglichen Plan erforderlich machten.

Deckblatt

Dr. Beate Forsbach

Neujellingsdorf 4c, 23769 Fehmarn,

Telefon XXX, E-Mail: info@beateforsbach.de

Beate Forsbach

Wissenschaftliches Arbeiten am Mac

Von der Idee bis zur Publikation

(mit Word und hilfreichen Drittprogrammen)

(in Schule, Studium und Promotion)

(Gelassen und effektiv studieren)

(diese Untertitel sind nur Ideen ...)

Stand: 14. Februar 2011

Profil der Autorin

Dr. Beate Forsbach

Autorin, Pädagogin, Coach

Studiendirektorin a. D. für Musik und Mathematik, langjährige Unterrichtstätigkeit an Gymnasien und Gesamtschulen sowie Tätigkeit in der Lehrerfortbildung für das Fach Musik

Studium der Schulmusik (1971–1976) und Mathematik (1973–1978) sowie Pädagogik und Philosophie an der Musikhochschule und Universität Köln

Erste Staatsarbeit: Studien zu den Kadenzen in den Violinkonzerten von Wolfgang Amadeus Mozart. Köln 1975

Zweite Staatsarbeit: Grundbegriffe musikalischer Vorstellung – aufgezeigt an Musikbeispielen der Avantgarde. Unterrichtsreihe in einem Grundkurs 11. Essen 1979

Aufbaustudium in Musikpädagogik und Musikwissenschaft an der Musikhochschule Köln (1994-1997)

Promotion zum Doktor der Philosophie (Dr. phil.) durch die Fakultät Erziehungs- und Gesellschaftswissenschaften der Universität der Künste in Berlin (2005)

Dissertation: Fächerübergreifender Unterricht aus der Sicht des Faches Musik. Eine historisch-systematische Untersuchung von Theorien und Praxen sowie der Entwurf eigener Modelle und einer Konzeption des fächerübergreifenden Unterrichts mit Musik. Baltmannsweiler 2005

Medienpräsenz der Autorin

Homepage www.beateforsbach.de

Über 50 Publikationen in Print-Medien (Zeitschriften, Buchbeiträge, sechs eigene Bücher) zum schülerorientierten Musikunterricht und zum fächerübergreifenden Projektunterricht, zur Lebenskunst beim Älterwerden und zum Umgang mit dem Mac.

Über 150 Rezensionen für das Internetportal lehrerbibliothek.de sowie verschiedene Fachzeitschriften.

Über 160 Rezensionen im eigenen Buch-Blog (seit 2008) zu Büchern und Medien aus den Bereichen Musik, Pädagogik, Psychologie, Lebenskunst, Gesundheit sowie zum Mac.

Buch-Coaching: Beratung von Menschen, die ein eigenes Buch veröffentlichen möchten und Unterstützung auf dem Weg von der Idee zur Publikation, auch für das wissenschaftliche Schreiben.

Life-Coaching: Individuelle Lebensberatung, sowie Blog und Newsletter „Leben ist mehr – Lebenskunst lernen beim Älterwerden", im Internetforum Seniorentreff und im Seniorenforum Würzburg.

Zum Inhalt des Buches

Auf der Website *Apple in Schule & Uni* findet sich unter **Lernen mit Apple – die treibende Kraft für Kreativität** die Aussage:

„Apple Produkte bieten einfach zu erlernende Werkzeuge, die die Schüler ermutigen, ihre besten Gedanken auf ganz neue und überzeugende Art zu kommunizieren."

Studenten, die mit einem iMac oder MacBook ausgestattet sind, erwarten daher zu Recht, dass sie damit alle notwendigen Werkzeuge haben, die sie für ein effektives, kreatives und erfolgreiches Studium brauchen. Dabei erfordert das Studium an Hochschulen und Universitäten vor allem das Schreiben wissenschaftlicher Arbeiten. In allen wissenschaftlichen Arbeiten, angefangen von Seminar- und Hausarbeiten über Diplom- und Magisterarbeiten, Staatsexamensarbeiten bis hin zu Doktorarbeiten und Habilitationsschriften sind bestimmte Arbeitsschritte notwendig, die sich immer wieder ähneln – von der Idee bis zur Publikation:

- Ideen sammeln: Themenfindung und Themeneingrenzung, Exposé schreiben
- Material sammeln: Literaturrecherche und Literaturbeschaffung, Daten erheben und präsentieren
- Gliederung finden und erste Rohfassung erstellen
- Überarbeiten der Rohfassung, Quellenangaben, Abbildungen, Tabellen, Diagramme, Layout gestalten, Korrektur lesen
- Endfassung erstellen, Formatierung, Literaturverzeichnis, Inhaltsverzeichnis, Anhänge, Deckblatt
- Druckfassung und PDF-Datei erstellen, publizieren

Dieselben Arbeitsschritte gehören zu jeder Art der wissenschaftlichen Publikation, wie z. B. Forschungsberichte, Tagungsbände, Kompendien, Sammelbände, Lehrbücher, Fachbücher. Die zugehörigen Arbeitstechniken und Werkzeuge sind also für Forscher, Wissenschaftler und Autoren wissenschaftlicher Sachbücher genauso wichtig. Zusätzlich sind hier auch Informationen über eine Eigenpublikation mit und ohne ISBN sowie als Buch in einem Verlag erforderlich.

„Wissenschaftliches Arbeiten am Mac" – das bezieht sich auf den gesamten Arbeitsprozess, während die „Wissenschaftliche Arbeit" stets ein gedrucktes oder elektronisch veröffentlichtes Dokument als Ergebnis dieses Prozesses ist. Dieses Buch geht über die reine Anweisung, wie ein bestimmtes Programm für einen bestimmten Zweck zu nutzen ist, hinaus.

In diesem Buch werde ich Ihnen zeigen, wie Sie den Mac sinnvoll für die verschiedenen Tätigkeiten beim wissenschaftlichen Arbeiten einsetzen können. Die zunächst vorhandenen Programme wie iWork, iLife, Safari und Mail bieten zwar einige Möglichkeiten, aber es werden zusätzliche Spezialprogramme benötigt: z. B. für die Literaturverwaltung, für das wissenschaftliche Journal, für die Projektplanung und vor allem für die Erstellung der wissenschaftlichen Arbeit.

Dabei wird *Word* einen besonderen Stellenwert einnehmen, weil es sehr häufig zur Erstellung wissenschaftlicher Arbeiten verwendet wird. Ich werde Hinweise zur Verwendung von *Word* für den Mac versus *Word* für Windows geben, das man auch auf dem Mac installieren könnte. Daneben gibt es auch andere Textverarbeitungsprogramme, die ich im Vergleich mit *Word* bewerten werde. Ich werde die wichtigsten Funktionen von *Word* im Hinblick auf die Erstellung der wissenschaftlichen Arbeit erläutern, ohne jedoch auf komplizierte Formeln oder ausgefallene Formatierungen einzugehen.

Bei den Zusatzprogrammen beschränke ich mich auf deutschsprachige Programme, die man für wenig Geld oder sogar kostenlos erhalten kann. Ich werde nicht jedes Programm im einzelnen erklären, aber einen Überblick geben über die verschiedenen Möglichkeiten.

Ein wichtiger Aspekt ist das eigene Publizieren mit und ohne ISBN im Book-on-Demand-Verfahren, das für jeden Studenten und jeden Lehrenden mit einfachen Mitteln möglich ist. Es nimmt heute auch aus finanziellen Gründen einen wichtigen Stellenwert gegenüber der Publikation in einem Verlag ein.

Nach dem obigen Motto von Apple werde ich Möglichkeiten aufzeigen, wie Schüler und Studenten, aber auch Lehrende mit dem Mac ihre besten Gedanken auf ganz neue und überzeugende Art kommunizieren können. Ich möchte auch zeigen, dass das wissenschaftliche Arbeiten und Publizieren durchaus Freude machen kann, wenn im Flow Kreativität entsteht. So kann man das Studium gelassen und effektiv absolvieren und jede wissenschaftliche Arbeit als spannendes Projekt betrachten, das es zu planen, durchzuführen und zu präsentieren gilt.

Das Buch soll informativ und unterhaltsam zugleich sein. Vor allem soll es auch all jenen helfen, die untätig vor dem leeren Bildschirm sitzen und nicht wissen, wie sie einen Text zustande bringen sollen. Auch jenen, die zwar gute Ideen haben, aber es nicht schaffen, die wissenschaftliche Arbeit in der vorgesehenen Zeit fertigzustellen, möchte ich ein paar nützliche Tipps aus der Praxis geben. Und jenen, die angesichts der Informationsflut resignieren oder sich nicht trauen, ihre eigenen Gedanken zu formulieren, möchte ich mit diesem Buch ein wenig Mut machen.

Wissenschaftliches Schreiben sollte nicht nur eine Pflichtübung im Studium, sondern kann ein Abenteuer sein. Denn man kann vorher niemals absehen, was dabei heraus kommt. Es kann anregend, aufregend und spannend sein, und es kann zufrieden und glücklich machen. Wenn man die eigene wissenschaftliche Arbeit zum ersten Mal gedruckt und gebunden in den Händen hält, sind schnell alle Probleme und Mühen des Arbeitens vergessen. Und wenn dann noch die Gutachter zufrieden sind ...

Konkurrenztitel oder vergleichbare Bücher

Speziell für den Mac gibt es kein Buch zum wissenschaftlichen Arbeiten. Allerdings sind Bücher wie „Wissenschaftliches Arbeiten mit dem Computer" sowieso „out", weil die Verwendung eines Computers heute selbstverständlich ist.

Wenn wir also „Wissenschaftliches Arbeiten am Mac" als Titel wählen wollen, dann müssen wir uns doch fragen, was der Mac im Speziellen und Besonderen zu bieten hat. Und dazu gehört natürlich u. a. auch die Möglichkeit, *Word* zu benutzen (zum Glück ist es ja heute ein wenig kompatibler geworden).

Zu *Word* 2010 gibt es einige Veröffentlichungen, zu *Word* 2011 naturgemäß nicht (es soll wohl *Word* 2010 weitgehend entsprechen). Für spezielle Probleme müsste man dann eben diese Literatur hinzuziehen:

Ein Standardwerk ist: Natascha Nicol, Ralf Albrecht: Wissenschaftliche Arbeiten schreiben mit Word 2010. 7., aktualisierte Auflage, Addison-Wesley 2011 (wird ausgewertet)

Markus Hahner, Wolfgang Scheide, und Elisabeth Wilke-Thissen: Wissenschaftliche(s) Arbeiten mit Word 2010, Microsoft Press, O'Reilly Verlag 2011 (wird ausgewertet)

Winfried Seimert: Wissenschaftliche Arbeiten mit Microsoft 2010, bhv Praxis, 2010 (wird ausgewertet)

Zum Thema Word 2011/Mac gibt es nur zwei Titel, einen bei Amac (2010) und einer erscheint in Ihrem Verlag. (Word 2010/Windows dagegen über 20 Bücher). Die werde ich mir vielleicht anschauen. Zu Word 2008/Mac gibt es nur 6 Bücher – es scheint also nicht so ein „prickelndes" Thema zu sein.

Zum Schlagwort „Wissenschaftliches Arbeiten" findet man bei buchhandel.de 140 Titel. Die kann und will ich nicht alle untersuchen.

Ein – für mich – wichtiger Titel ist (ich habe es schon 1995 gekauft und gut gebrauchen können):

Otto Kruse: Keine Angst vor dem leeren Blatt. Ohne Schreibblockaden durchs Studium. 12., völlig neu bearbeitete Auflage, Campus Verlag 2007

Außerdem (ich habe es 1999 gekauft):

Umberto Eco: Wie man eine wissenschaftliche Abschlussarbeit schreibt. 13. Auflage, UTB 2010.

Diese beiden Werke bringen einen angenehmen Ton und nützliche Gedanken, allerdings (fast) nichts zum Computereinsatz.

Zur Zielgruppe des Buches

Zielgruppe sind vor allem Studenten der Geistes- und Sozialwissenschaften, Forscher, Wissenschaftler und Autoren wissenschaftlicher Sachbücher, möglicherweise auch Schüler der Sekundarstufe II, die bereits schriftliche Hausarbeiten erstellen müssen.

Verkaufsargumente für das Buch

Nach meinen Recherchen in verschiedenen Internet-Foren ist das MacBook wohl der ideale Begleiter für den Alltag in der Universität. Damit sei man prima für ein komplettes Studium ausreichend ausgerüstet, so heißt es. Es wird oft diskutiert, ob man mit *Word*/Windows über Parallels oder *Word*/Mac schreiben soll, oder mit einem anderen Programm. Es werden viele verschiedene Zusatzprogramme für das wissenschaftliche Arbeiten genannt. Da wäre es sicher gut, in diesem Buch mal zu sortieren und zu beurteilen. Einfach, damit man einen Überblick bekommt. Und es ist auch gut, aufzuzeigen, welche Programme wie ineinandergreifen und sich ergänzen.

Es gibt kein Buch über wissenschaftliches Arbeiten am Mac, insofern ist das ein starkes Verkaufsargument für das Buch. Und wenn es sich durch die Tipps zu Lern- und Arbeitsstrategien von anderen Büchern abhebt, umso besser. Nichts ist schlimmer als unverständliche Bücher mit langweiligen oder komplizierten Texten.

Studenten, die ihre Abschlussarbeit schreiben, brauchen keine langwierige Einweisung in *Word*, sondern einen projektorientierten Leitfaden für das wissenschaftliche Arbeiten. Schwerpunkte sollten bei den Problemen liegen, die man mit dem Mac lösen kann. Aber es sollten auch psychologische Dinge wie Schreibprobleme, Schreibhemmung, Zeitplanung, Aufschieben usw. berücksichtigt werden. Ein klein wenig „Schreib-Coaching" kann also nicht schaden. So etwas gibt es in anderen Büchern zum wissenschaftlichen Arbeiten mit *Word* wohl noch nicht.

Umfang:

150-200 Seiten mit zahlreichen Bildern

Voraussichtlicher Abgabetermin des fertigen Manuskripts:

Mai/Juni 2011

Gliederung/Inhaltsverzeichnis

Einleitung
Warum muss man im Studium wissenschaftliche Arbeiten schreiben?
Was ist das eigentlich und was hat man später davon?
Was nutzt einem der Mac dabei?
Für wen dieses Buch geschrieben ist.
Was dieses Buch Ihnen bietet und was nicht.

1. Wissenschaftliches Arbeiten: Projektmanagement und Arbeitsplanung
Organisation am Computer: Ordner anlegen in Finder, in Safari und Mail;
Projekt mit Bento anlegen,
Zeitplan mit iCal, Erinnerungsfunktionen einsetzen
wissenschaftliches Journal mit Journler anlegen
Synchronisation mit dem iPhone
Probleme der Arbeits- und Lebenssituation
Schreibmotivation, Schreibprobleme, Aufschieben

2. Vorbereitung und Planung: von der Idee zum Exposé
Ideen und eigene Interessen sammeln
Themenfindung und Themeneingrenzung
Material sichten
Exposé schreiben
dazu Dokumente in Pages oder im Texteditor anlegen, noch keine Formatierungen notwendig!

Elektronisches Archiv anlegen, Sammlung von Zeitschriften-Artikeln und Buch-Ausschnitten
PDF-Portfolio in Adobe Acrobat, Organisation in Bento, Projekt- und Materialordner anlegen

3. Materialsammlung: von der Recherche zur Rohfassung
Literaturrecherche und Literaturbeschaffung
Verschiedene Literaturverwaltungsprogramme im Vergleich: z. B: Citavi, Endnote, Bookends
Lesen und exzerpieren – *auch am Mac lesen, exzerpieren mit Vorschau – oh, das habe ich gerade erst entdeckt, wie gut das geht, mit Markieren, farbig unterlegen usw. Ich nehme sonst immer Acrobat*
Daten erheben und präsentieren
Materialien sammeln in z. B: Pages, Numbers, iPhoto
Gliederung finden und erste Rohfassung erstellen
Inhaltsverzeichnis in Numbers anlegen (wegen Planung des Umfangs und der einzelnen Teile)
Erste Rohfassung kann noch in Pages geschrieben werden, ohne besondere Formatierung, lässt sich später in Word exportieren

4. Ausarbeitung: von Rohtext bis zum Manuskript
Überarbeiten der Rohfassung
Quellenangaben, Abbildungen, Tabellen, Diagramme
Layout gestalten
jetzt kommt das Word-Dokument!! Dokument anlegen, nach Vorgaben, Formatierungen, Gliederung, Nummerierungen, Verweise, Kopf- und Fußzeilen, Seitenzahlen, Fuß- und Endnoten, Abbildungen, Tabellen, Diagramme einfügen
Korrektur lesen

5. Abschluss: von der Endfassung bis zur Publikation
Endfassung erstellen, Formatierung
Literaturverzeichnis, Inhaltsverzeichnis, Anhänge, Deckblatt
Hier kommt noch ein großer Abschnitt zu Word: Titelseite erstellen, Rechtschreibung, Grammatik prüfen, Silbentrennung, Verzeichnisse erstellen
Abgabe und Begutachtung
Druckfassung und PDF-Datei erstellen
Arbeit drucken, PDF mit Word, auf dem Mac, mit Adobe Acrobat
Präsentieren und Publizieren
Zum Thema Präsentation wäre noch Keynote bzw. Powerpoint zu erwähnen, wie präsentiert man die wichtigsten Inhalte eines wissenschaftlichen Publikation für einen Vortrag
Möglichkeiten des Drucks von wissenschaftlichen Arbeiten mit und ohne ISBN, im Eigenverlag oder über einen Books-on-Demand-Anbieter über das Internet, elektronische Publikation, über Portale der Hochschule, eigene Homepage, und spezielle Portale, z. B. GRIN

6. Anhang
Kleines ABC des wissenschaftlichen Arbeitens
Literaturverzeichnis
Nachwort
Register

Anmerkung:

Die Ideen zu den Programmen sind kursiv gedruckt, das muss noch gesichtet werden.

… und wie wird ein Buch daraus?

Ein gutes Exposé ist wie ein Wegweiser für das Schreiben Ihres Buchmanuskriptes. Sie haben bereits eine grobe Vorstellung vom Inhalt Ihres Buches und ein vorläufiges Inhaltsverzeichnis. Nun geht es darum, die einzelnen Kapitel mit Inhalten zu füllen.

Nach der Recherche erstellen Sie die erste Rohfassung Ihres Buches. Hier schreiben Sie in einem durchgehenden Text alles auf, was Sie schon wissen und sagen wollen. Diese Rohfassung müssen Sie dann später mehrfach überarbeiten und von anderen Personen lesen und korrigieren lassen. Erst dann fügen Sie Abbildungen und Zitate ein. Schließlich können Sie das Layout Ihres Buches gestalten (lassen).

Im Laufe Ihrer Arbeit stellen Sie vielleicht fest, dass die anfänglich geplante Gliederung des Inhalts nicht optimal ist: Ein Kapitel würde vielleicht 30 Seiten lang, ein anderes nur eine halbe Seite. Überarbeiten Sie daher Ihre Gliederung nach dem Schreiben der Rohfassung noch einmal.

Schreiben Sie lieber kürzer als zu ausführlich. Fassen Sie mehrere Kapitel zu größeren Abschnitten des Buches zusammen – mehr als vier bis fünf solcher Großabschnitte sollte ein Buch nicht umfassen, sonst wird es unübersichtlich für den Leser.

Recherche und Materialsammlung

Nach den konzeptionellen Vorüberlegungen beginnt nun die eigentliche Arbeit an Ihrem Buch. Meistens müssen Sie zunächst einmal gründlich recherchieren und Materialien sammeln. In welchem Ausmaß dies erforderlich ist, hängt von der Art des Buches ab, das Sie schreiben möchten:

Ein **Fachbuch** wendet sich an Fachleute, hier soll Wissen über ein Thema vermittelt werden. Dazu sollten Sie die einschlägige Fachliteratur lesen und den aktuellen Stand des Wissens ermitteln.

Ein **Sachbuch** wendet sich an interessierte Leser, man schreibt über ein Thema, eine Sache. Sammeln Sie Fakten, Literatur, Bücher, Internetseiten, Fachartikel und vieles mehr – vor allem aber auch alles, was Sie selber bereits über das Thema wissen.

Ein **Ratgeber** wendet sich an Leser, die eine Lösung für ein Problem suchen. Hier kann man zeigen, wie man etwas macht. Auch für ein Ratgeberbuch sollten Sie einschlägige Literatur und Internetseiten auswerten.

Im Wesentlichen kommt es aber auf Ihre eigene Erfahrung an, die Sie an Ihre Leser weitergeben möchten. Schreiben Sie keinen Ratgeber über Hundeerziehung oder Schwangerschaft, wenn Sie selber weder Hund noch Baby groß gezogen haben.

Wer durch seinen Beruf mit vielen Menschen zu tun hat, kann Beispiele seiner Klienten anführen. Achten Sie aber bitte darauf, dass man die betreffenden Personen in Ihrem Buch später nicht erkennen kann. Oder aber bitten Sie die Personen um Erlaubnis, wenn Sie über sie schreiben.

Belletristik umfasst unterhaltende Literatur wie Romane und Erzählungen, Biografien, Lyrik und Dramatik, Krimis, Science Fiction und Fantasy, Humor und Satire, Geschenkbücher und Anthologien verschiedener Textformen.

Vor allem für Romane und Erzählungen müssen Sie gründlich recherchieren. Schreiben Sie möglichst nue über Schauplätze, die Sie persönlich kennen. Nicht jeder Autor hat die Fähigkeiten von Karl May, der mit seinen Büchern weltbekannt geworden ist, obwohl er die Schauplätze niemals gesehen hat.

Wenn Sie über vergangene Zeiten schreiben wollen, sollten Sie sehr genau recherchieren, damit Ihre Erzählung später glaubwürdig und überzeugend ist. Autoren historischer Romane brauchen oft mehr Zeit, sich in die jeweilige Epoche einzufühlen als für das eigentliche Schreiben.

Für Kriminalromane müssen Sie besonders gründlich recherchieren – nicht nur Ort und Zeit der Handlung, auch die kriminalistischen Details sollten möglichst realitätsgetreu beschrieben werden. Bei den beliebten regionalen Krimis reicht es nicht, wenn z. B. in einem Inselkrimi nur der Strand, die Ostsee, ein Hotel und die Inselhauptstadt erwähnt werden.

Auch für Biografien und Lebenserinnerungen müssen Sie recherchieren – nicht nur in Ihrem Gedächtnis und dem Ihrer Verwandten – sondern auch in Ihren Archiven: Tagebüchern, Poesiealben, Fotoalben, Schallplattensammlungen, Filmsammlungen, Briefen, alten Zeitungen …

Wie aber können Sie mit Lücken z. B. in der Lebensgeschichte Ihrer Vorfahren umgehen? Am besten befragen Sie Ihre Eltern und Großeltern, die wissen oft Dinge, die Sie von niemandem sonst erfahren können. Fragen Sie auch nach deren Kindheit, nach ihren Kriegserlebnissen und nach Verwandten, die Sie nur dem Namen nach kennen.

Wenn Sie niemanden fragen können und auch keine alten Quellen mehr aufzufinden sind, müssen Sie Ihre Fantasie spielen lassen: So könnte es gewesen sein. Recherchieren Sie die zeitlichen und örtlichen Gegebenheiten so genau wie möglich. Erzählen Sie historische, soziale und gesellschaftliche Bedingungen aus Ihrer persönlichen Perspektive.

Zur **Kinder- und Jugendliteratur** gehören Bilderbücher, Erzählungen und Sachbücher. Genau wie bei den Büchern für Erwachsene müssen Sie auch hier genau recherchieren, es sei denn, die Geschichten spielen im Lande der Fantasie.

Zur **Reiseliteratur** gehören Reiseberichte, Reise- und Hotelführer, Bildbände. Für Reise- und Hotelführer sind vor allem aktuelle und exakte Daten wichtig, damit der Leser davon profitieren kann. Stellen Sie alle Ortsangaben, Wegbeschreibungen, Adressen, Telefonnummern und Internetadressen zusammen und überprüfen Sie sie, bevor das Buch veröffentlicht wird.

Organisation der Materialsammlung

Sicher werden Sie unterschiedliche Materialien zu Ihrem Buchprojekt finden: Bücher und Zeitschriften, einzelne Blätter und Kopien, Dateien und Internetseiten.

Richten Sie sich in Ihrem Bücherregal ein „Projektfach" ein, in dem Sie alle Bücher und realen Materialien aufbewahren können.

In Ihrer Projektmappe sammeln Sie alle einzelnen Blätter, Zeitungsausschnitte, Kopien, Bilder. Ihre Ideen, Gedanken und Fragen tragen Sie mit der Hand in Ihr Notizbuch ein.

Viele Materialien im Internet stehen als PDF-Dateien zum Download bereit, einige Dokumente sind Textdateien im *Word*-Format, Abbildungen liegen oft im JPG-Format vor.

Die Dateien speichern Sie am besten im *Material-Ordner*, den Sie als Unterordner zu Ihrem Projekt-Ordner angelegt haben.

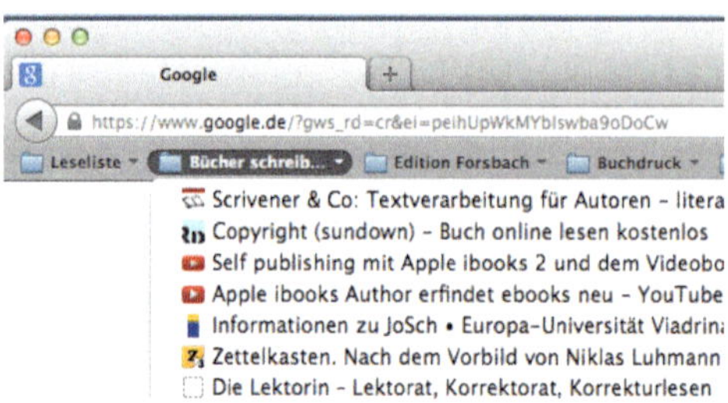

Soll Ihr Buch viele Abbildungen enthalten, empfiehlt sich ein zusätzlicher *Bilder-Ordner*.

Für das Sammeln von Internetseiten genügt zunächst ein *Lesezeichen-Ordner* in Ihrem Browser. Ausschnitte aus Websites können Sie als PDF oder in einer Textdatei speichern.

Wollen Sie einzelne Seiten aus Büchern oder Zeitschriften einscannen, wählen Sie am besten gleich den PDF-Modus und speichern die Dateien im Material-Ordner.

Ist Ihre Recherche eher weniger umfangreich, können Sie die Ergebnisse, die Sie voraussichtlich verwenden wollen, gleich in eine *Word*-Datei schreiben.

Legen Sie dazu eine neue Datei an und speichern Sie sie unter dem Namen *Materialsammlung* im Ordner *Material* ab.

Was ist das? – Dateiformate

PDF bedeutet **P**ortable **D**ocument **F**ormat und meint ein plattformunabhängiges Dateiformat für Dokumente, d. h. jedes Schriftstück im PDF-Format sieht auf jedem Computer und beim Ausdruck auf jedem Drucker gleich aus.

Word ist ein Textverarbeitungsprogramm der Firma Microsoft.

JPG oder auch **JPEG** (benannt nach der **J**oint **P**hotographic **E**xperts **G**roup, die das Format entwickelt hat) ist ein Dateiformat, das vor allem für Fotos verwendet wird.

Notieren Sie dann einige für Ihr Buch wichtige Begriffe. Markieren Sie die Begriffe mit der Maus und formatieren sie als Überschrift.

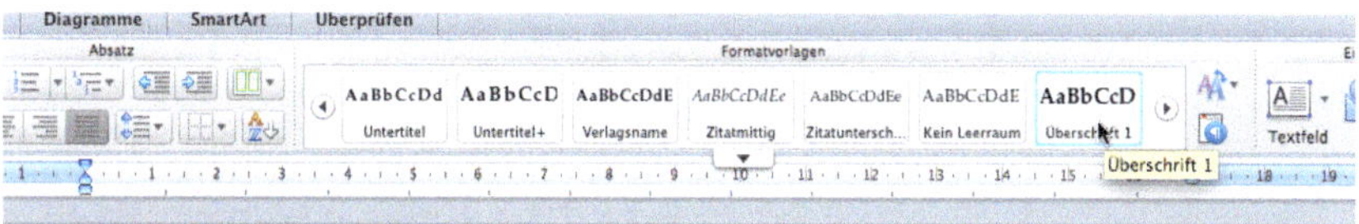

Buch schreiben

Das Wichtigste: Fangen Sie einfach an. Klar, am liebsten würden Sie jetzt schreiben, schreiben, schreiben. Aber was? Für viele Autoren beginnt da erst einmal das große Schweigen bzw. das Sitzen vor dem leeren Blatt. Ich beginne daher immer mit „unverfänglichen" organisatorischen Vorbereitungen, die ich für jedes Buch auf dieselbe Weise mache. Das erleichtert den Start in ein neues Buchprojekt.

Manuskript

Unter Manuskript verstand man ursprünglich handgeschriebene Bücher. Heute bezeichnet man die meist am Computer geschriebenen Druckvorlagen als Manuskript.

Exposé

Ein Exposé ist eine Art Kurzwerbetext für Ihr Buchprojekt, im engeren Sinne eine konzentrierte Darstellung des Inhalts. Daraus können später der Klappentext des Buches sowie Werbetexte und Pressemitteilungen entstehen. Ein ausführliches Exposé enthält neben den Angaben zum Buch (Inhalt, Umfang, Abgabetermin) auch Angaben zum Profil des Autors, zur Zielgruppe, zu Verkaufsargumenten, zu Konkurrenztiteln und zum Marketing.

Diese Überschriften erscheinen im Dokumentenstruktur- bzw. Navigationsbereich. Sie können über diese Begriffe die verschiedenen Abschnitte Ihrer Datei anklicken. Sammeln Sie Texte zu den einzelnen Begriffen. Die Textabschnitte formatieren Sie als *Standard*.

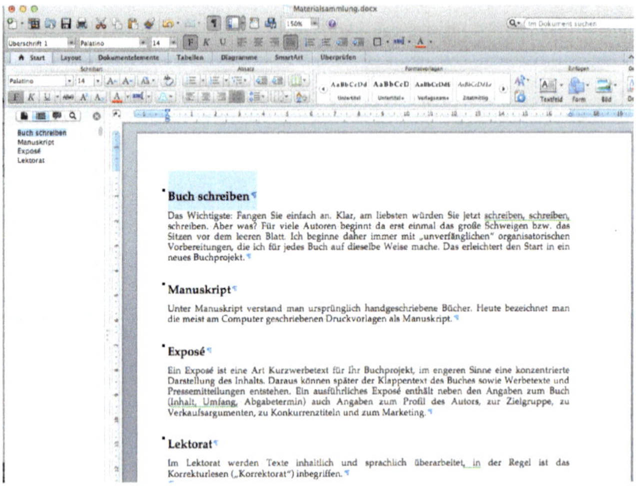

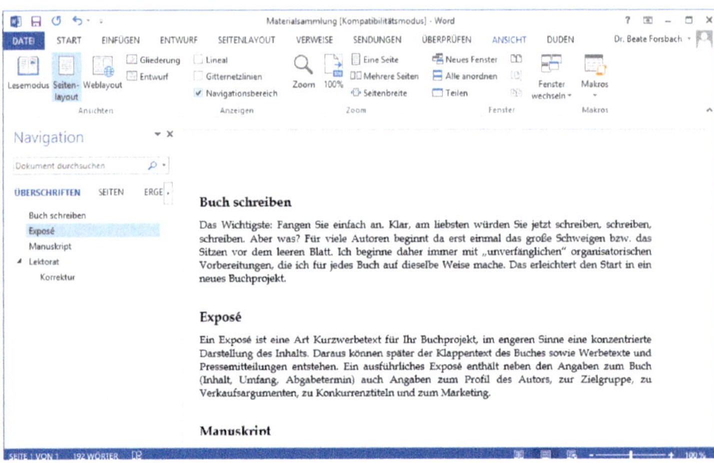

Schalten Sie im Menü bzw. auf der Registerkarte *Ansicht* auf die *Gliederungsansicht* um. In dieser Darstellung des Dokumentes können Sie einfach ganze Textabschnitte umsortieren. Wir werden später noch einmal auf diese Funktion zurückkommen.

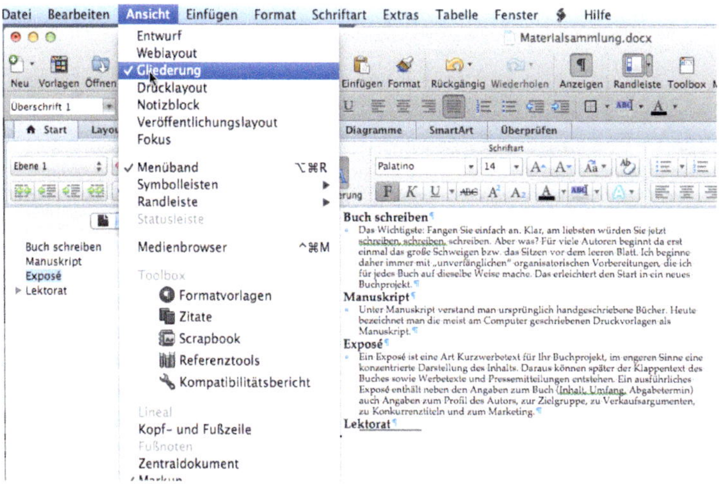

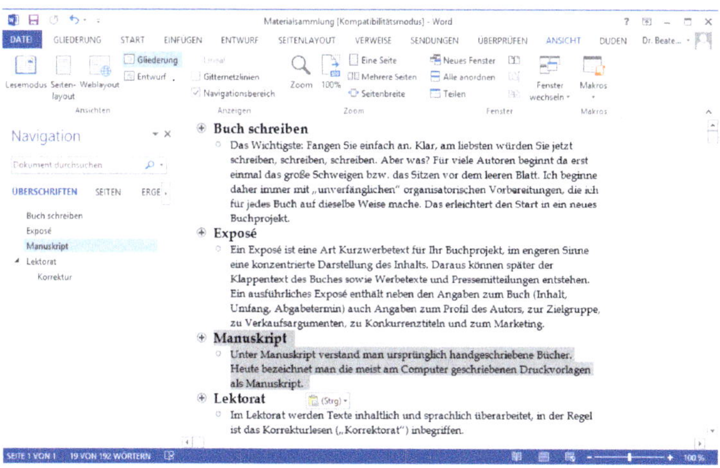

Tipps zum Schreiben in *Word 2011* (I)

Neues Word-Dokument anlegen: Klicken Sie oben links auf *Neues Word-Dokument erstellen* und speichern Sie es unter dem gewünschten Namen am gewünschten Ort ab.

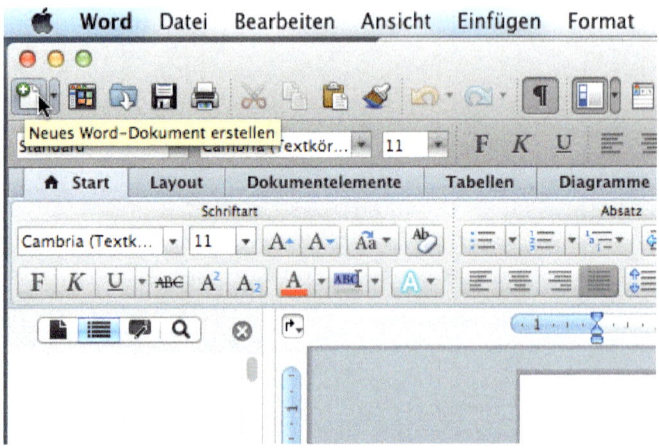

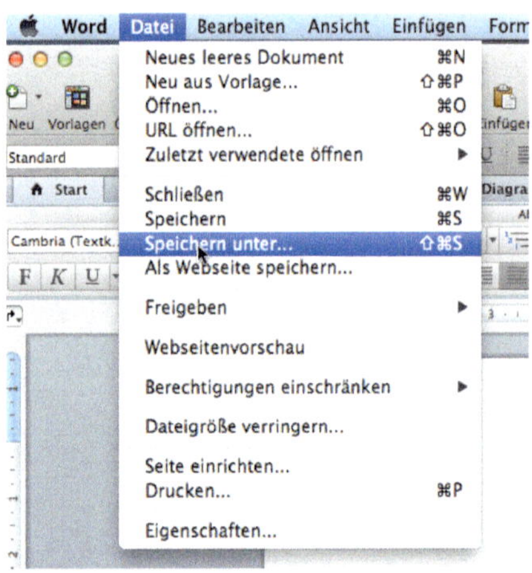

Tipps zum Schreiben in *Word 2013* (I)

Neues Word-Dokument anlegen: Klicken Sie auf dem Startbildschirm von *Word* auf *Leeres Dokument*.

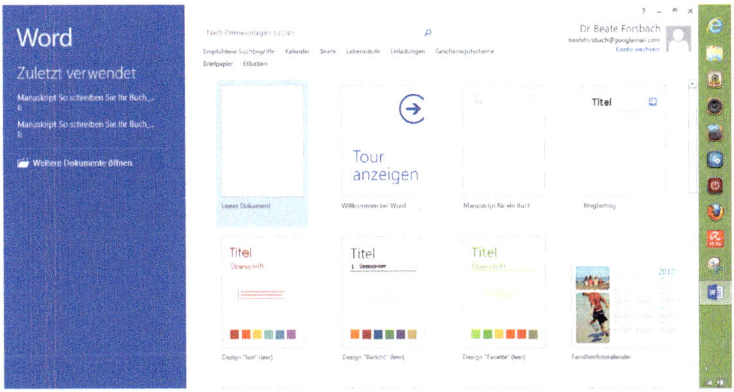

Durch Klick auf die Registerkarte *Datei* gelangen Sie in die sog. *Backstage-Ansicht*. Hier können Sie Ihre Datei unter dem gewünschten Namen am gewünschten Ort abspeichern.

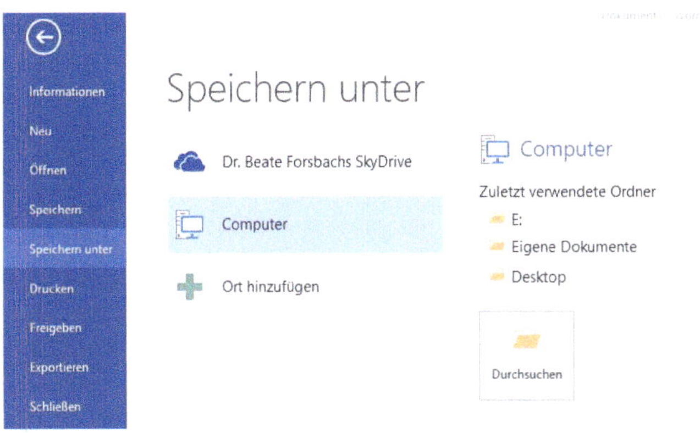

Text formatieren: Markieren Sie den gewünschten Text mit der Maus. Wählen Sie dann auf der Registerkarte *Start* eine Formatvorlage aus: Im Katalog der Schnellformatvorlagen oder in der Liste der im Dokument verwendeten Formatvorlagen.

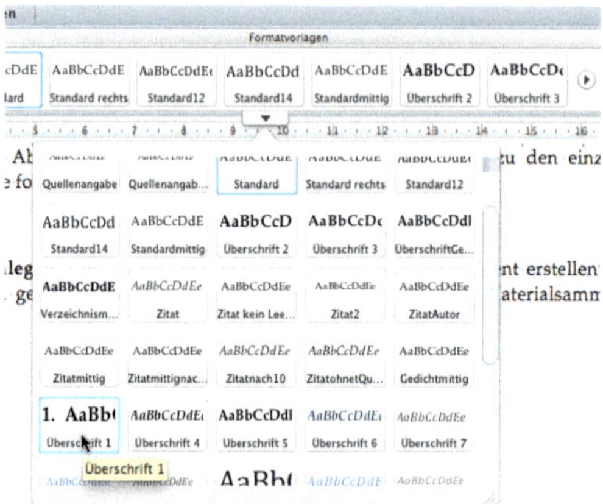

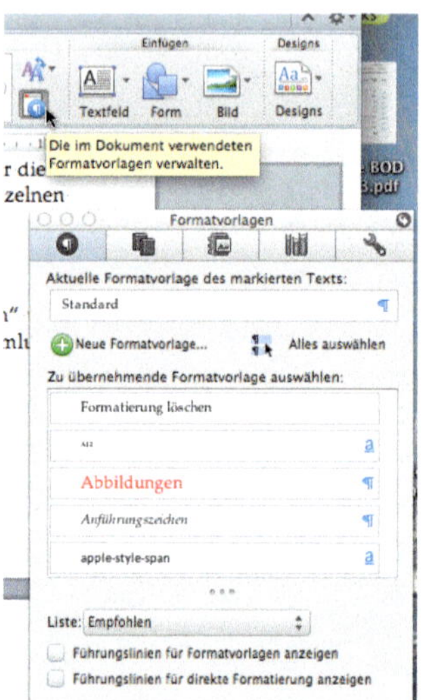

Text formatieren: Markieren Sie den gewünschten Text mit der Maus. Wählen Sie dann auf der Registerkarte *Start* eine Formatvorlage aus: Öffnen Sie den Katalog der Formatvorlagen mit einem Klick auf die Schaltfläche rechts unten. Oder öffnen Sie die Liste der Formatvorlagen mit einem Klick auf die Schaltfläche *Weitere*.

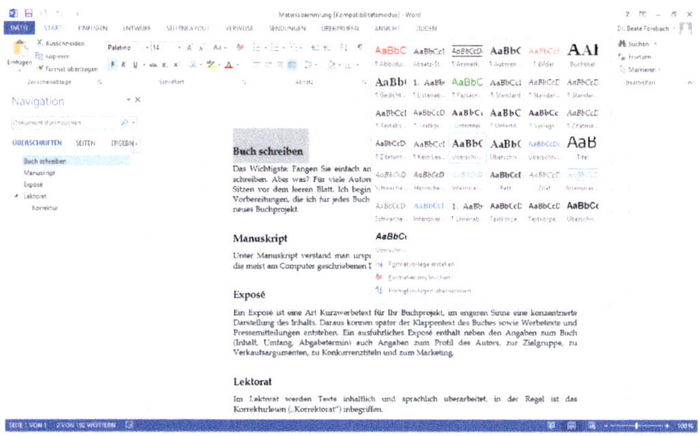

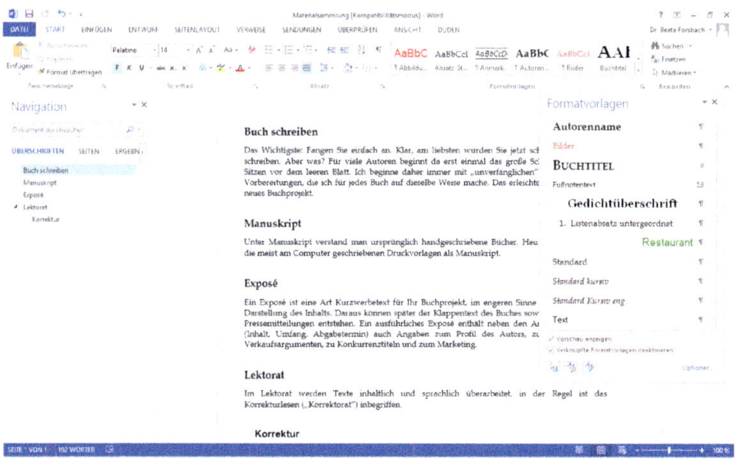

Dokumentenstrukturbereich: Das ist eine Art Inhaltsverzeichnis Ihrer Datei, das in der Randleiste erscheint. Klicken Sie oben auf die Taste *Randleiste anzeigen oder ausblenden* und wählen Sie *Dokumentenstrukturbereich*. In der Randleiste links erscheinen die Überschriften – durch Anklicken gelangen Sie in den entsprechenden Bereich des Dokumentes.

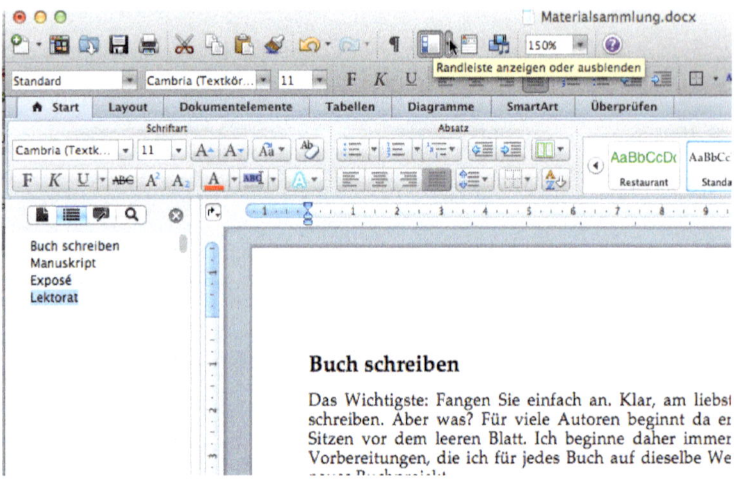

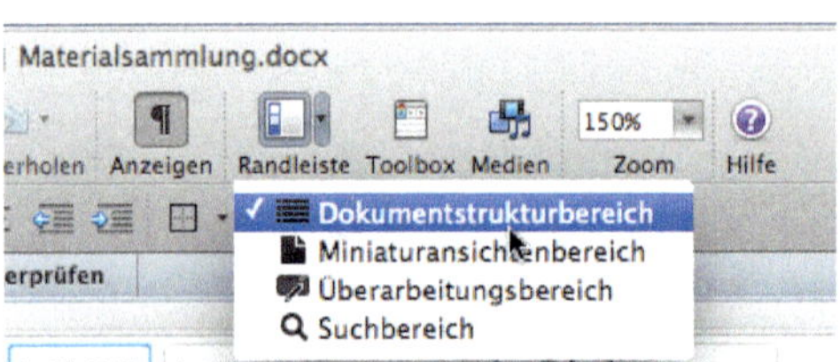

Navigationsbereich: Das ist eine Art Inhaltsverzeichnis Ihrer Datei, das in der Randleiste erscheint. Wählen Sie auf der Registerkarte *Ansicht* in der Gruppe *Anzeigen* den *Navigationsbereich.* In der Randleiste links erscheinen die Überschriften – durch Anklicken gelangen Sie in den entsprechenden Bereich des Dokumentes.

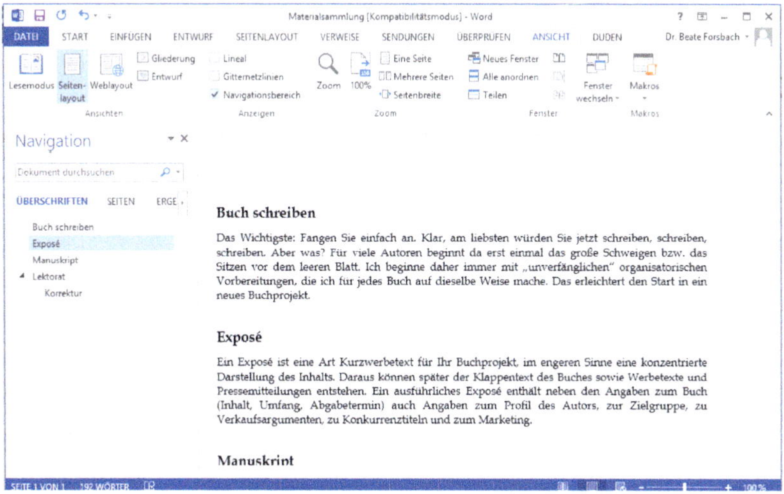

Gliederungsansicht: Über das Menü bzw. die Registerkarte *Ansicht* können Sie vom Drucklayout in die Gliederungsansicht wechseln. Hier können Sie Ihre Textabschnitte samt Überschriften leicht umgruppieren.

Abbildungen auf Seite 69

Schreiben der Rohfassung

Nach ausgiebiger Recherche und Materialsammlung schreiben Sie die erste Rohfassung Ihres Buches. Hier gibt es zwei grundsätzliche Möglichkeiten:

- Sie schreiben alles auf, was Ihnen zum Thema einfällt. Erst danach erarbeiten Sie eine Gliederung und ordnen Ihren Text dort ein.
- Sie erarbeiten zunächst ein vorläufige Gliederung und schreiben zu den einzelnen Kapitelüberschriften alles auf, was Ihnen dazu einfällt.

Ich empfehle Ihnen, frei zu schreiben, ohne sich vorher Gedanken über eine Gliederung gemacht zu haben. Nach dem Schreiben der Rohfassung ergibt sich die Gliederung vielleicht (fast) von alleine.

Legen Sie ein neues *Word*-Dokument an und speichern es unter *Rohfassung* im Ordner *Manuskript*.

Für die Rohfassung brauchen Sie noch keine speziellen Formatvorlagen oder Layout-Einstellungen.

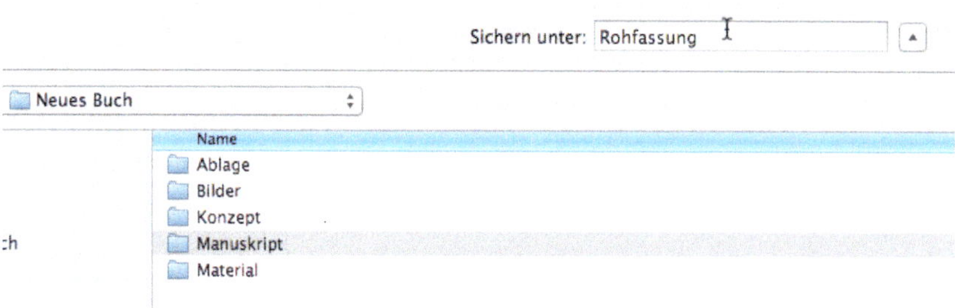

Es empfiehlt sich jedoch, Seitenzahlen einzufügen. Sie könnten auch eine Kopf- oder Fußzeile mit integrierter Seitenzahl schreiben, die dann auf jeder Seite Ihres Dokumentes erscheint. Das dient der besseren Orientierung in Ihrem Text.

Schreiben Sie Ihre Rohfassung mit breiten Rändern und weiten Zeilenabständen – so haben Sie später Platz, um Anmerkungen und Korrekturen an den Text zu schreiben. Dies gilt insbesondere für die spätere Manuskriptfassung, die Sie Ihrem Lektor übergeben, kann Ihnen aber auch bereits in der Rohfassung nützlich sein.

Beginnen Sie mit dem Titel Ihres Buches, den Sie als *Überschrift 1* formatieren. Den laufenden Text schreiben Sie mit der Formatvorlage *Standard*, die normalerweise automatisch erscheint. Verwenden Sie einfach die eingestellte Standardschrift – alles andere wird erst später, bei der Gestaltung des Layouts, wichtig.

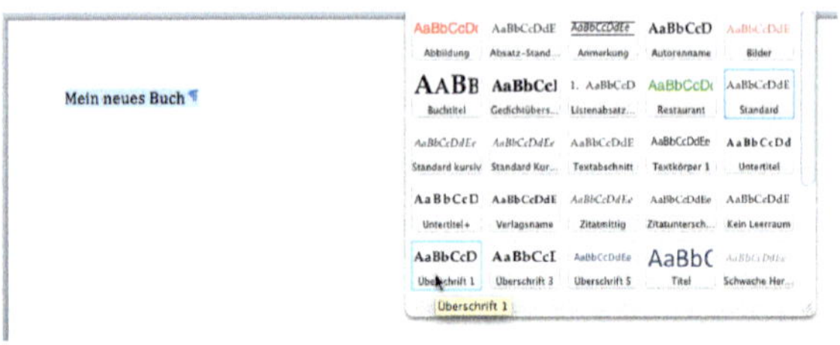

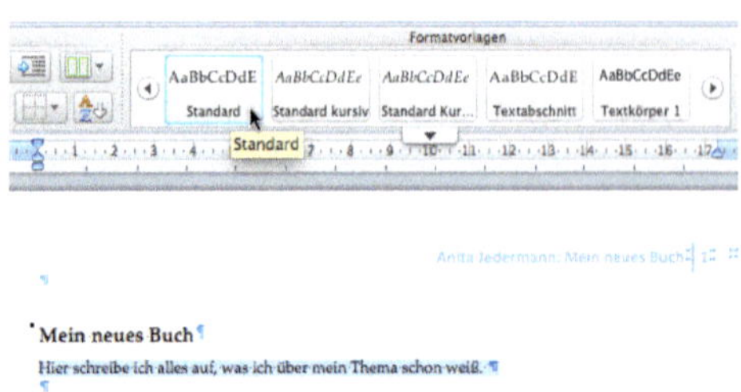

Schreiben Sie alles auf, was Sie schon wissen, egal, ob es Fehler gibt, ob der Satzbau gut ist, oder alles sachlich richtig ist. Beginnen Sie bitte nicht zu korrigieren, auch wenn *Word* Ihnen die Fehler rot unterstrichen präsentiert. In dem Moment, wenn Sie an Ihrem Text zu feilen beginnen, unterbrechen Sie den Fluss Ihrer Gedanken.

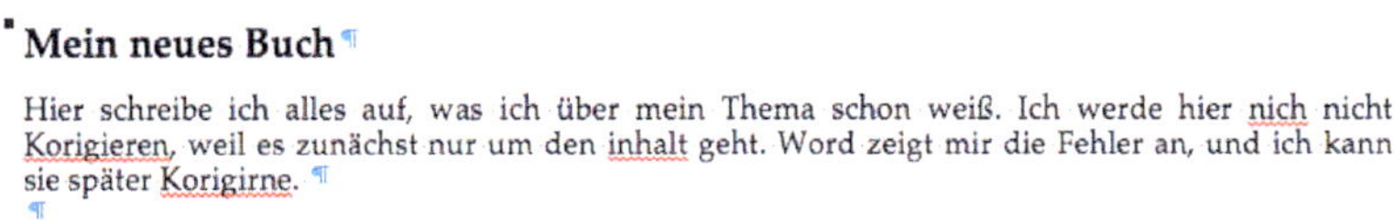

Es ist wichtig, nach der Beschäftigung mit dem Thema bei Recherche und Materialsammlung einfach alles aufzuschreiben, was Ihnen einfällt. Schreiben Sie, solange Sie können. Manch einer hat in diesem ersten Durchgang schon mehr als hundert Seiten geschrieben. Denn wenn man sich schon eine Weile mit einem Thema befasst hat, fließen einem die Sätze einfach aus den Fingern.

Vielleicht fallen Ihnen beim Schreiben Aspekte des Themas ein, zu denen Sie jetzt noch nichts schreiben können. Richten Sie an diesen Stellen „Baustellen" ein, um diese Aspekte nicht zu vergessen, vielleicht in einer anderen Textfarbe. Sie können später darauf zurückkommen und den betreffenden Aspekt beschreiben.

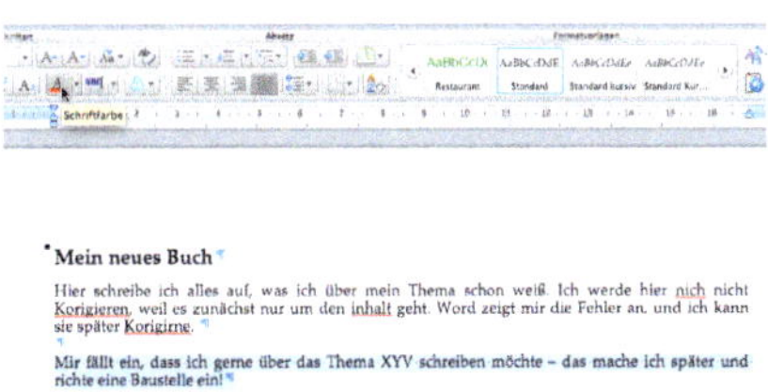

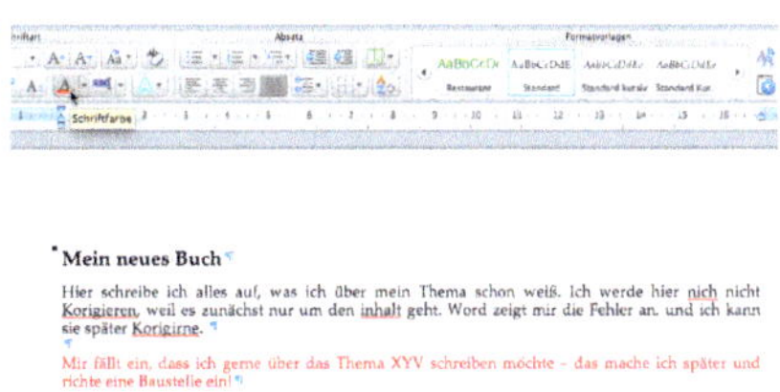

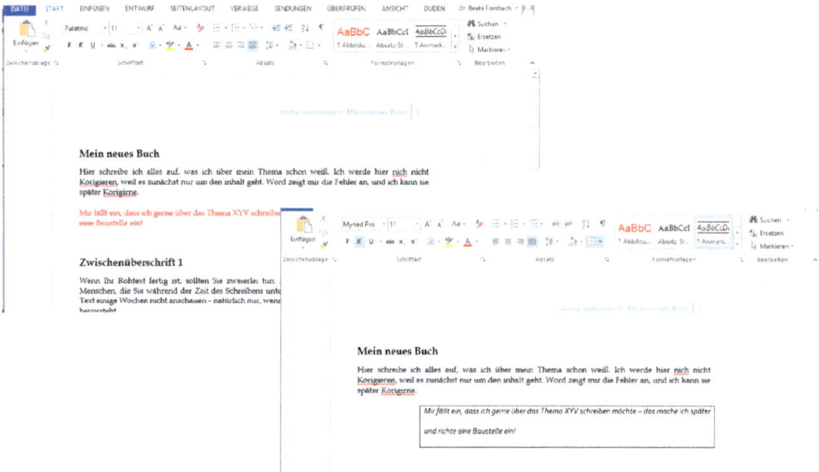

In der Rohfassung können Sie bereits Überschriften für Kapitel und Abschnitte einfügen, Sie müssen es aber nicht unbedingt. Das lässt sich auch nach Fertigstellung der Rohfassung erledigen. Wenn Sie aber Überschriften einfügen, machen Sie sich noch keine Gedanken darüber, welche Überschriftenebene es sein soll. Untergliedern Sie einfach Ihren Text, indem Sie sinnvolle Absätze machen. Fügen Sie bei Bedarf Zwischenüberschriften ein, z. B. in Form von Stichworten. So können Sie sich später in Ihrem Text besser zurechtfinden.

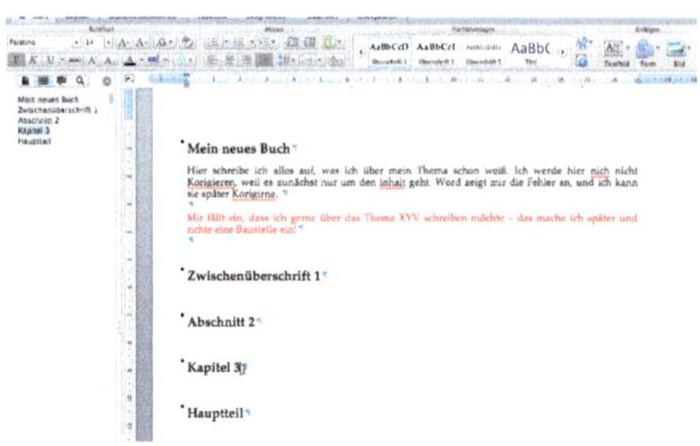

Die Überschriften erscheinen im Dokumentenstruktur- bzw. Navigationsbereich in der Randleiste. Falls Sie verschiedene Überschriftenebenen gewählt haben, erkennt man dies auch in der Randleiste, die untergeordneten Überschriften sind ein wenig eingerückt.

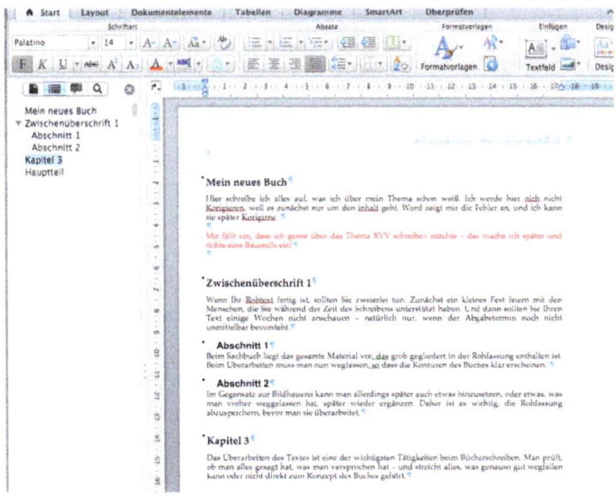

Wenn die Rohfassung fertig ist, gehen Sie Ihre Materialien durch und ergänzen Ihren Text. Sie müssen aber noch nicht alles einarbeiten. Vielleicht verwenden Sie die Materialien später doch nicht, dann wäre das überflüssige Arbeit. Es genügt auch, Hinweise auf Materialien einzufügen und als „Baustelle" zu markieren.

Wenn Sie alles aufgeschrieben haben – Ihre eigenen Gedanken und die Gedanken aus Ihren Materialien – dann legen Sie den Text erst einmal zur Seite. Sie haben jetzt schon ein großes Stück des Weges zu Ihrem Buchmanuskript geschafft. Bitte fangen Sie jetzt nicht an, Ihren Text auf Rechtschreibung, Zeichensetzung und Grammatik zu überprüfen. Manche Autoren sind nie mit ihrer ersten Textfassung fertig geworden. Ihr innerer Kritiker hat sie immer wieder angetrieben, an ihrem Text zu feilen und zu korrigieren, und dann fanden sie das Ergebnis einfach nicht gut genug, um das Manuskript zu erstellen.

Bitte bedenken Sie, dass eine Sammlung von locker aufgeschriebenen Texten noch kein Buchmanuskript ist. Es sind auf dem Papier aufgeschriebene Gedanken, die Sie vom immateriellen in einen materiellen Zustand gebracht haben. So können Sie die Gedanken weiter verbreiten und mit anderen Menschen kommunizieren werden.

Stellen Sie sich all Ihr gesammeltes Material in der Rohfassung vor wie einen groben Stein, aus dem eine Skulptur entstehen soll. Erst durch Heraushauen, Feilen und Schleifen wird aus dem Stein eine klar erkennbare, schöne Figur, ein Kunstwerk.

Es kommt also gar nicht darauf an, möglichst viel Material zu haben oder gar immer noch mehr hinzu zu fügen. Sondern es geht darum, das, was man weiß, strukturiert und für den Leser interessant und einleuchtend zu schreiben.

In Ihrer Rohfassung befindet sich das gesamte Material Ihres Buches. Die Strukturen, die gedankliche Klarheit und auch die Schönheit des Textes schaffen Sie in der nun folgenden Phase der Überarbeitung und Korrektur.

Wenn Sie alles fertig geschrieben haben, machen Sie erst einmal eine Pause. Lesen Sie nicht in Ihrem Text, geben Sie ihn niemandem zum Lesen, lassen Sie ihn einfach ruhen. Und dann starten Sie mit der Phase der Überarbeitung.

Tipps zum Schreiben in *Word* II

Seitenzahlen: Klicken Sie auf der Registerkarte *Dokumentelemente* bzw. *Einfügen* in der Gruppe *Kopf- und Fußzeile* auf die Schaltfläche *Seite Nr.* bzw. *Seitenzahl*. Es öffnet sich ein Fenster, in dem Sie die Position (Seitenanfang oder Seitenende) sowie die Ausrichtung der Seitenzahl festlegen können.

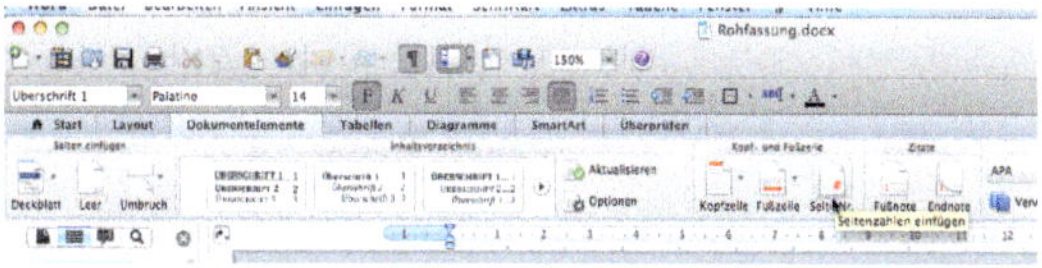

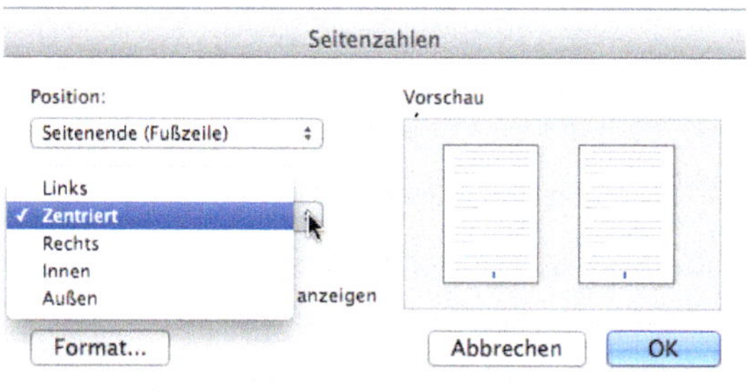

In *Word 2013* können Sie über die Position Seitenanfang bzw. Seitenende die Seitenzahl in eine automatisch erzeugte Kopf- oder Fußzeile einfügen.

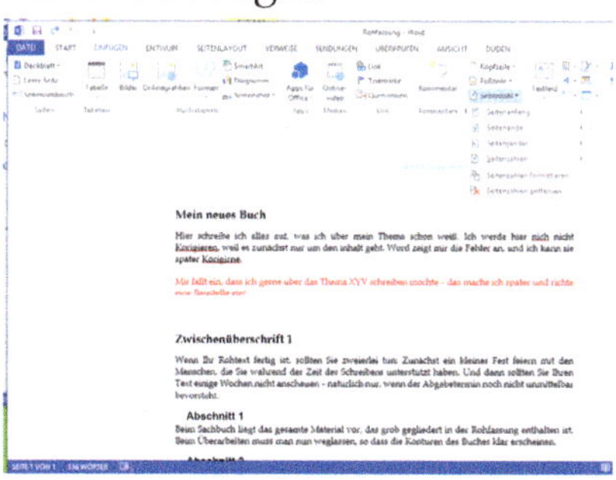

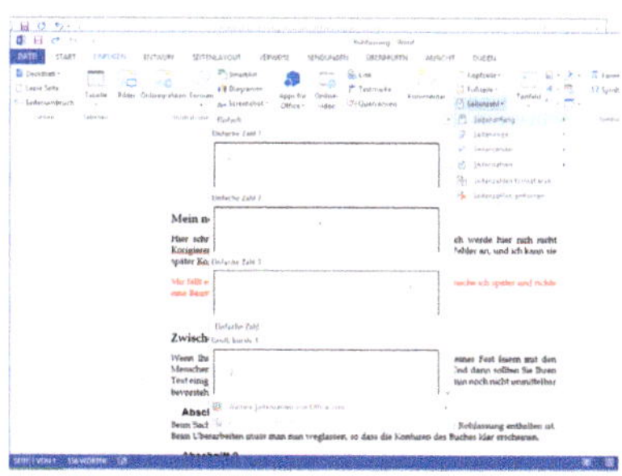

Kopfzeile anlegen: Klicken Sie auf der Registerkarte *Dokumentelemente* bzw. *Einfügen* in der Gruppe *Kopf- und Fußzeile* auf die Schaltfläche *Kopfzeile*. Es öffnet sich ein Fenster mit verschiedenen Vorlagen für Kopfzeilen. Wählen Sie eine mit integrierter Seitenzahl und fügen Sie sie per Klick in Ihr Dokument ein. Klicken Sie den Eintrag [Geben Sie den Dokumenttitel ein] bzw. [Dokumenttitel] an und schreiben Sie Ihren Buchtitel und ggf. Ihren Namen hinein.

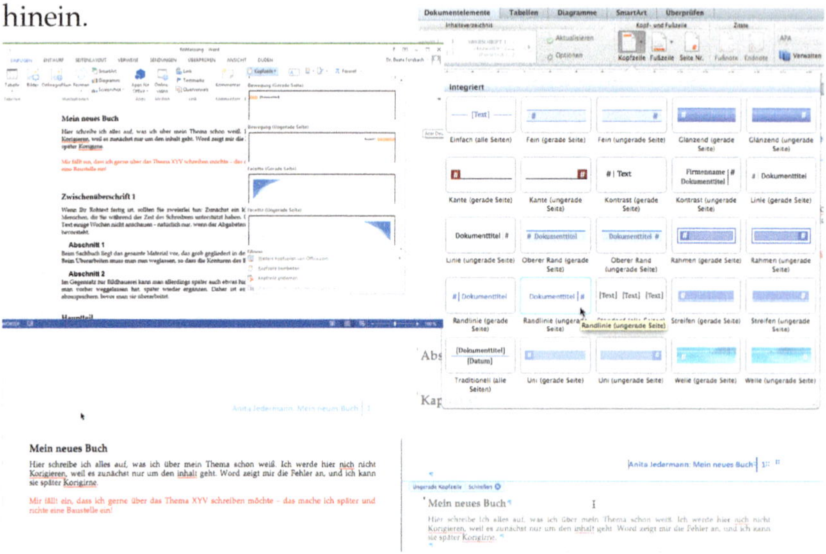

Ränder einstellen: Wählen Sie im Menüband die Registerkarte *Layout* und klicken Sie in der Gruppe *Seitenränder* auf die Schaltfläche *Seitenränder*. Es öffnet sich ein Fenster mit voreingestellten Seitenrändern. Klicken Sie auf die Möglichkeiten und schauen Sie sich das Ergebnis in Ihrem Dokument an. Die Maße für die Seitenränder erscheinen rechts neben der Schaltfläche. Sie können die Maße hier nach Ihren Wünschen einstellen.

Zeilenabstand einstellen: Wählen Sie im Menüband die Registerkarte *Start* und klicken Sie in der Gruppe *Absatz* auf die Schaltfläche *Zeilenabstand*. Es öffnet sich ein Fenster, in dem Sie verschiedene Zeilenabstände einstellen können. Klicken Sie auf die Möglichkeiten und schauen Sie sich das Ergebnis in Ihrem Dokument an. Die Veränderung wirkt sich in einem Absatz aus.

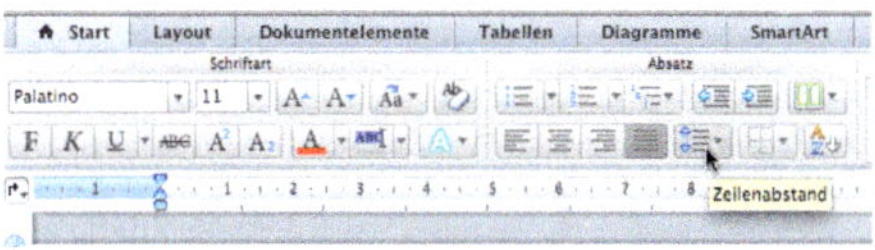

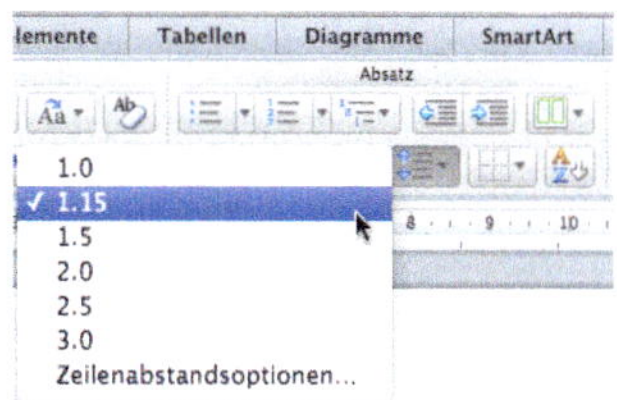

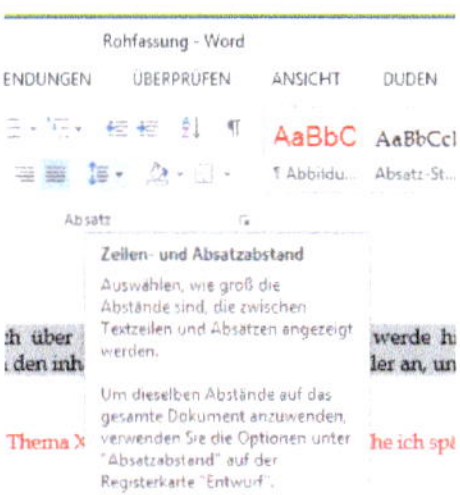

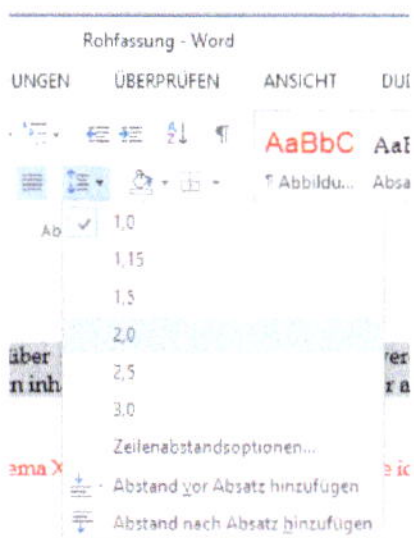

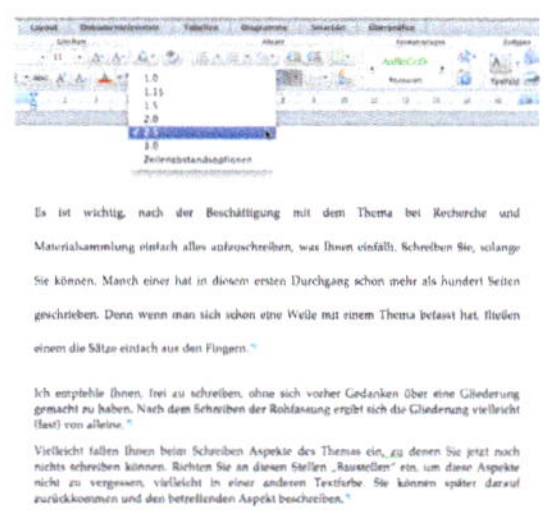

Möchten Sie den Zeilenabstand in mehreren Absätzen verändern, markieren Sie diese zuvor mit der Maus und klicken dann auf den gewünschten Zeilenabstand. In einem neuen Dokument stellen Sie den Zeilenabstand ein, bevor Sie mit dem Schreiben beginnen. Er bleibt dann im gesamten Dokument gleich.

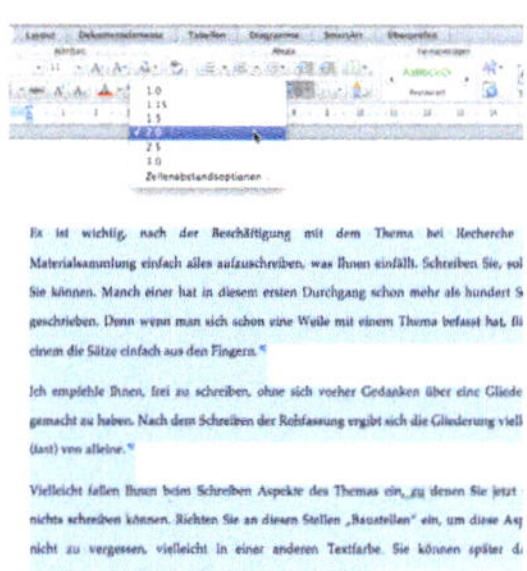

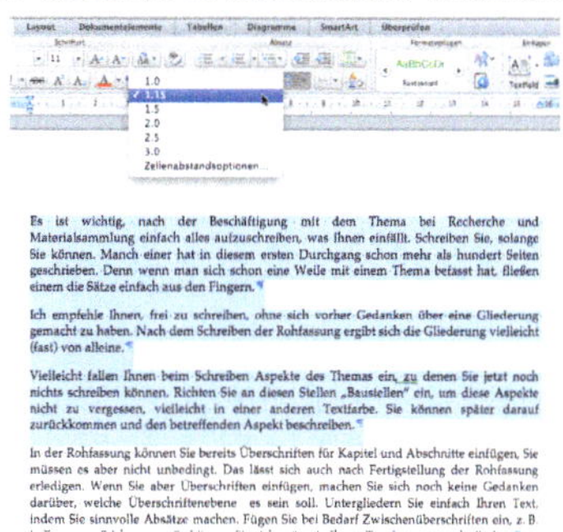

Nicht druckbare Zeichen anzeigen: Eine nützliche Funktion von *Word* ist die Möglichkeit, die nicht druckbaren Zeichen, die sog. Steuerzeichen in der Datei anzuzeigen. Sie sehen z. B. Leerzeilen oder Tabulatoren (dazu später).

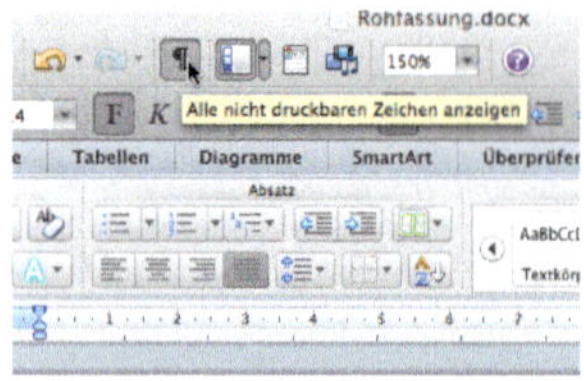

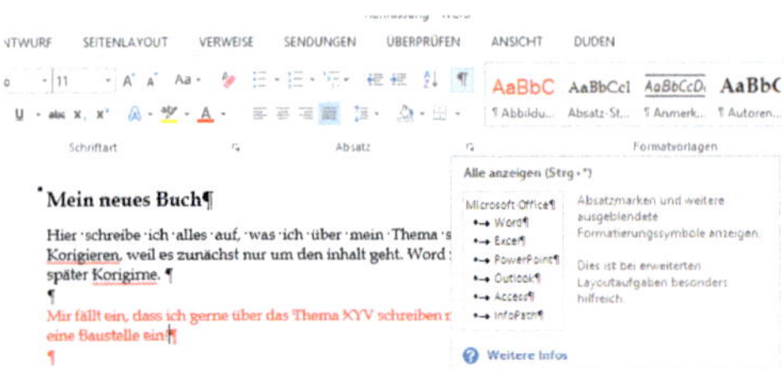

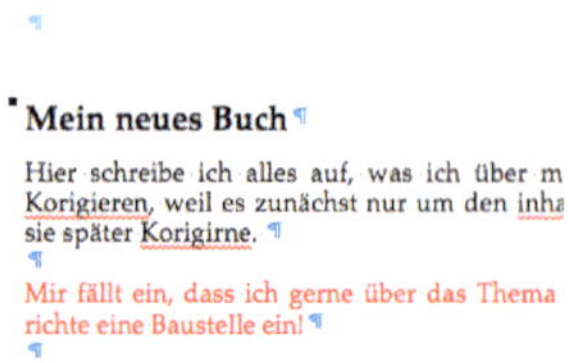

Überschriftenebenen festlegen: Markieren Sie die Überschrift und wählen Sie die Formatvorlage *Überschrift 1* oder *Überschrift 2*. Das Format ist voreingestellt, Sie können nun die Überschriftenebenen unterscheiden.

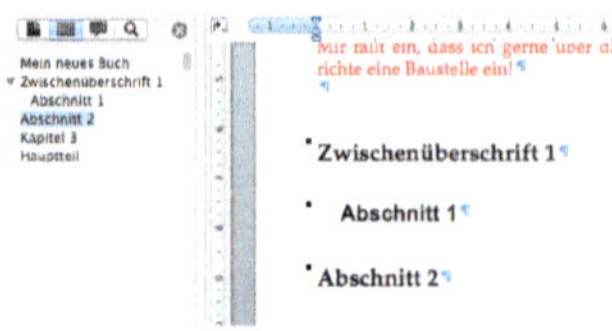

Format übertragen: Möchten Sie das Format von einem Textteil auf einen anderen übertragen, bietet *Word* ein einfaches Verfahren: Markieren Sie den Text, dessen Formatierung Sie übernehmen wollen. Klicken Sie dann oben auf die Schaltfläche mit dem Pinsel und markieren Sie den Text, den Sie formatieren möchten. Dieser wird nun entsprechend formatiert.

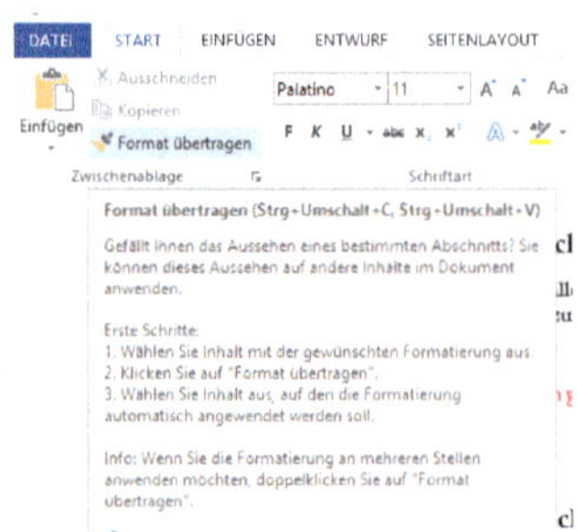

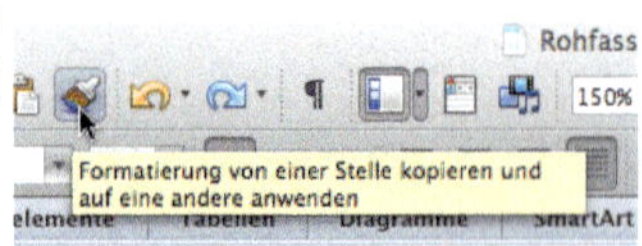

Gliederung und Aufbau

Vielleicht fragen Sie sich jetzt, warum Ihr Buch eine Gliederung in mehrere Kapitel haben sollte. Stellen Sie sich vor, Sie erhalten eine E-Mail mit schätzungsweise zwei bis drei Seiten Text – ohne Unterbrechung. Was will der Absender von Ihnen? Im Betreff steht lediglich *Unser Projekt*. Sie beginnen zu lesen, aber wissen immer noch nicht, worum es geht. Sie überfliegen den Text, aber wo sollen Sie anhalten? Der Text ist durchgängig geschrieben und verschwimmt vor Ihren Augen.

Sie können sich einfach nicht in dem langen Text orientieren. Die Unterteilung in kleinere Absätze von 4-8 Zeilen hilft schon, einen Text besser überblicken zu können. Solche E-Mails werden eher gelesen, vor allem, wenn es noch Zwischenüberschriften gibt. Sie können sich auf den Textabschnitt konzentrieren, der Sie angeht oder interessiert. Und vielleicht antworten Sie sogar.

Ein Buch mit 120 oder mehr Seiten ist natürlich nicht mit einer E-Mail zu vergleichen. Aber angesichts einer zunehmenden Flut von Druckmedien hat kaum ein Leser heutzutage stundenlang Zeit, in einem Buch zu lesen. Oft sind es kleinere Pausen zwischendurch, die man zum Lesen nutzen möchte, oder aber die Zeit vor dem Einschlafen.

Es ist daher empfehlenswert, die Kapitel alle etwa im gleichen Umfang zu halten. Das sollten nicht unbedingt zwei Kapitel pro Seite sein, aber häufige Zwischenüberschriften helfen dem Leser gerade bei Sachbüchern, sich im Buch zu orientieren. Viele Untergliederungen machen ein Buch lesefreundlich und laden dazu ein, auch zwischendurch mal darin zu lesen.

Stellen Sie sich vor, eine Leserin nimmt sich jeden Nachmittag eine halbe Stunde Zeit, um in Ihrem Buch zu lesen. Nach einigen Tagen freut sie sich darauf, das nächste Kapitel von etwa zehn Seiten zu lesen, setzt sich in den Sessel und beginnt.

Aber das Kapitel ist leider viel länger als erwartet. Nach einer halben Stunde kommt Besuch und die Lesezeit ist herum. Die Leserin hat aber das Kapitel noch nicht zu Ende gelesen und irgendwie die Orientierung im Geschehen des Buches verloren. Entnervt klappt sie das Buch zu und hat wenig Lust, am nächsten Tag die Stelle zu suchen, an der sie aufgehört hat zu lesen.

Gliederung des Buches

Gestalten Sie daher Ihr Buch leserfreundlich, unterteilen Sie es in größere Kapitel und kleinere Abschnitte. Gliedern Sie den Text in viele überschaubare Absätze von 4-8 Zeilen. Vielleicht schreiben Sie zusätzlich noch Stichworte an den Rand.

Sie haben Ihre Rohfassung ganz frei geschrieben, ohne zuvor eine Gliederung zu erstellen. Dann sollten Sie spätestens jetzt, vor der Überarbeitung, über eine Gliederung nachdenken. Die Stichworte oder Zwischenüberschriften in Ihrer Rohfassung geben Ihnen Anhaltspunkte dafür.

Vielleicht haben Sie aber auch mit einer Gliederung angefangen, um dann zu jeder Überschrift alles zu schreiben, was Ihnen dazu einfällt. Dann überarbeiten Sie Ihre Gliederung nach dem Beenden der Rohfassung.

Eine Gliederung ist insbesondere für Fach-, Sachbücher und Ratgeber notwendig, aber auch für einen Roman sinnvoll. Während in Sachbüchern in der Regel das in der Überschrift steht, wovon im Kapitel die Rede ist, kann es beim Roman etwas lockerer sein. Erfinden Sie Überschriften, die den Leser motivieren, gleich mit dem Lesen zu beginnen.

Vermeiden Sie schematische Untergliederungen – z. B. Kapitel 1, Unterkapitel 3, Abschnitt 2 – auch wenn sich das mit Hilfe der Gliederungsfunktion in *Word* leicht erstellen lässt. Solche Gliederungsschemata sind in wissenschaftlichen Arbeiten angebracht, nicht aber in Sach- und Unterhaltungsliteratur. Die inhaltliche Struktur des Textes sollte durch die Überschriften deutlich werden, nicht durch das Zahlenschema. Wenn Sie ein Kapitel untergliedern, sollten wenigstens zwei Unterkapitel vorhanden sein, nach Möglichkeit bei allen Kapiteln ähnlich.

Es spricht also vieles dafür, jedes Kapitel überschaubar zu halten: mit einer Einleitung und einem Schluss bzw. einer Überleitung zum nächsten Kapitel. Außerdem ist es gut, alle Kapitel etwa gleich lang zu gestalten.

Im Exposé wird Ihre Gliederung noch ein wenig erläutert und gibt dem Lektor Einblick in den Aufbau des Buches. Im fertigen Buch soll das Inhaltsverzeichnis mit aussagekräftigen Überschriften den Leser durch das Buch leiten und ihm auch ermöglichen, mittendrin mit dem Lesen zu beginnen. Manchmal wird ein Buch nur wegen eines bestimmten Kapitels gekauft – die Gliederung bzw. das Inhaltsverzeichnis ist somit neben Titel, Cover und Klappentext ein weiteres Argument für die Kaufentscheidung.

Grundstrukturen einer Gliederung

Hier folgen einige Tipps zur Gliederung eines Buches – die Grundstrukturen eignen sich auch für Vorträge, Präsentationen und Fachartikel – und genauso für jedes einzelne Kapitel Ihres Buches.

In den Grundstrukturen wie in den einzelnen Abschnitten beginnen Sie mit einer Einleitung, um den Leser auf das einzustimmen, was dann kommt. Dann kommt das, was Sie eigentlich sagen wollen. Dann folgt ein Schlussteil, in dem Sie das Gesagte zusammenfassen und den Text beenden.

Klassischer Dreiteiler: Einleitung – Hauptteil – Schlussteil

In der ***Einleitung*** führen Sie den Leser ins Thema ein, geben einen Überblick über den Aufbau des Buches und nennen das Ziel.

Der ***Hauptteil*** kann in drei bis maximal fünf Großabschnitte gegliedert sein. Jeder Abschnitt ist wiederum in Einleitung – Hauptteil – Schluss gegliedert. Dabei sollten Sie auf eine Überleitung zwischen den Abschnitten achten.

Im ***Schlussteil*** fassen Sie die zentralen Aussagen des Buches zusammen, formulieren ein Resümee, kommen auf die Gedanken der Einleitung zurück und geben einen Ausblick.

In einem ***Anhang*** können Sie die verwendete Literatur und hilfreiche Internetadressen angeben, ein Nachwort und ein Dankeschön sowie ein Autorenprofil formulieren.

KESSER-BESSER-Schema

Diese Grundstruktur stammt von der Kommunikationsexpertin Carmen Thomas:

- **K**indheit bzw. **B**eginn – Womit die Geschichte, der Lebenslauf oder die Sache begonnen hat.
- **E**ntwicklung – Was dann kam.
- **S**ache – Alle Aspekte des eigentlichen Themas, nach denen meist mit fünf W-Fragen gefragt wird: Wer? Wann? Wo? Wie? Warum?
- **S**chelte – Was ist negativ oder problematisch daran?
- **E**rweiterung – „Blick über den Zaun": Wie ist es woanders oder in einer anderen Zeit?
- **R**esümee – Zusammenfassung mit Ausblick und Vision

Aufbau des Buches

Die folgenden Tipps zum Aufbau eines Buches brauchen Sie nur, wenn Sie Ihr Buch selber publizieren möchten, z. B. bei einem PoD-Anbieter. Die meisten Anbieter stellen *Word*-Vorlagen zur Verfügung, in denen die formalen Bestandteile des Buches vorgegeben sind. Ich empfehle Ihnen, keine Standard-Vorlagen zu verwenden, sondern lieber ein individuelles Layout zu gestalten. Mit ein wenig Übung und den im Buch genannten Tipps zu *Word* wird Ihnen das sicher gelingen. Orientieren Sie sich einfach an Büchern, die Ihnen vom optischen Eindruck gut gefallen.

Das gilt auch für Cover-Vorlagen, die Sie ebenfalls bei Ihrem PoD-Anbieter finden können. Stellen Sie sich vor, Sie finden „Ihr"

Buchcover bei Amazon – aber es hat einen ganz anderen Titel. Würde Ihnen das gefallen? Natürlich kann Ihnen das auch bei Coverbildern passieren, die Sie in einer Datenbank kaufen können. Aber wenn Sie Ihr Cover individuell gestalten, sieht es auch bei einem gleichen Coverbild immer anders aus als ein anderes Buch.

Erscheint Ihr Buch in einem Verlag, müssen Sie nur das Manuskript abliefern, alles andere erledigt der Verlag für Sie.

Und das sind die üblichen formalen Bestandteile eines Buches:

- ***Schmutztitel***
- ***Leerseite, Widmung oder Motto***
- ***Haupttitel***
- ***Impressum***
- ***Inhaltsverzeichnis***
- ***Textbeginn: Vorwort und/oder Einleitung***
- ***Kapitelbeginn***
- ***Anhang***

Die ersten Seiten bis zum Textbeginn nennt man auch ***Titelei***. Diese Seiten bekommen keine Seitenzahlen, werden jedoch mitgezählt. Der Text beginnt meist auf der Seite 7.

Der ***Schmutztitel*** enthält normalerweise nur den Namen des Autors sowie den Titel des Buches, während der ***Haupttitel*** den kompletten Titel mit Untertitel und den Verlagsnamen enthält. Der Name „Schmutztitel“ stammt noch aus der Zeit, als Bücher nicht gebunden wurden. Die erste Seite sollte den Buchblock schützen und enthält den Titel des Buches.

Die zweite Seite kann leer bleiben, eine Widmung oder ein Motto enthalten. Dort könnten auch der Reihentitel und die Namen der Herausgeber stehen.

Die vierte Seite enthält das ***Impressum***: Hier steht der Copyright-Vermerk, der den Inhaber der Buchrechte und das Jahr der Veröffentlichung enthalten muss.

Weiter stehen hier Angaben zu Verlag und Druckerei sowie die 13-stellige ISBN, die **I**nternationale **S**tandard-**B**uch-**N**ummer.

Im Impressum können auch Angaben zu Covergestaltung, Layout und Lektorat sowie Bild- und Textrechten enthalten sein.

Außerdem ist es üblich, den Standardvermerk der Deutschen Nationalbibliothek aufzunehmen.

Auf der fünften Seite beginnt das ***Inhaltsverzeichnis***, das auch zwei oder mehr Seiten umfassen kann. Der eigentliche Text beginnt auf der ersten rechten Seite nach dem Inhaltsverzeichnis, also in der Regel auf Seite 7 oder 9.

Inhalt

Der Text beginnt mit einem ***Vorwort*** und/oder einer ***Einleitung***. Beides kann auch vom Herausgeber oder Verleger geschrieben werden, oder aber von einem anderen Autor, der für das Thema des Buches eine gewisse Bedeutung hat.

Die dann folgenden ***Kapitel*** beginnen jeweils auf der rechten Seite, auch wenn die Seite davor frei bleibt. In Büchern mit kürzeren Kapiteln kann jedes Kapitel einfach auf der nächsten Seite beginnen.

In einem ***Anhang*** können Sie die verwendete Literatur und hilfreiche Internetadressen angeben, ein Nachwort und ein Dankeschön sowie ein Autorenprofil formulieren.

Tipps zum Schreiben in *Word* III

Bearbeiten einer Gliederung: Falls Sie in Ihrer Rohfassung bereits Zwischenüberschriften und Stichworte als Überschriften markiert haben, können Sie die vorläufige Gliederung in der Gliederungsansicht Ihres Dokumentes anschauen. Klicken Sie dazu im Menü *Ansicht* auf *Gliederung*.

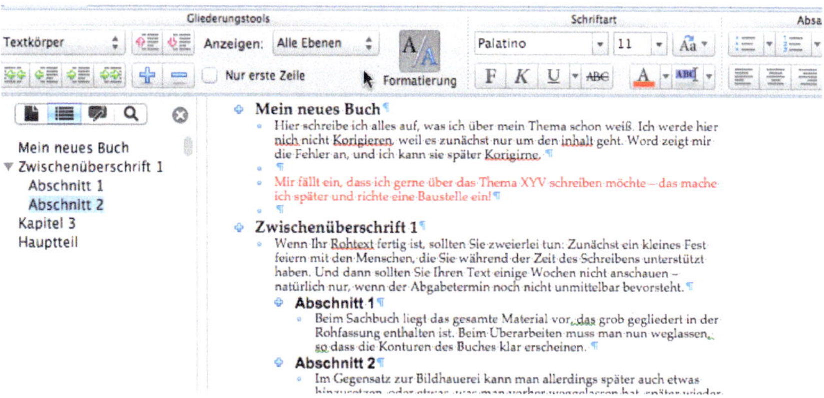

Sie können sich alle Gliederungsebenen anzeigen lassen, oder nur die Ebenen 1, 1-2, 1-3 usw. In dieser Ansicht können Sie Ihre Gliederung überarbeiten, weitere Überschriften ergänzen und die Überschriften höher oder tiefer stufen. Sie können auch ganze Abschnitte an eine andere Stelle schieben. Der gesamte Text des jeweiligen Abschnitts bleibt unter der Überschrift erhalten.

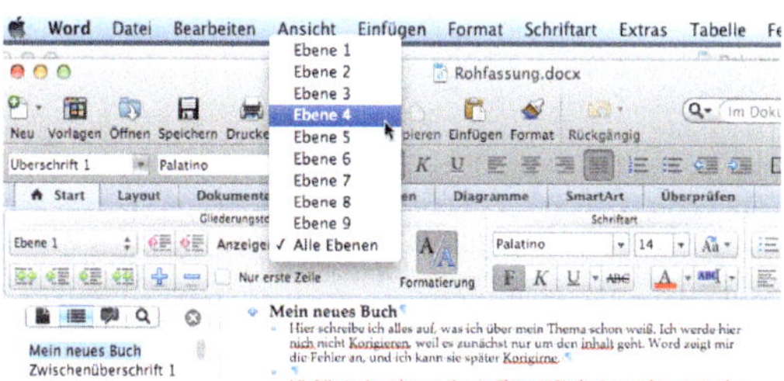

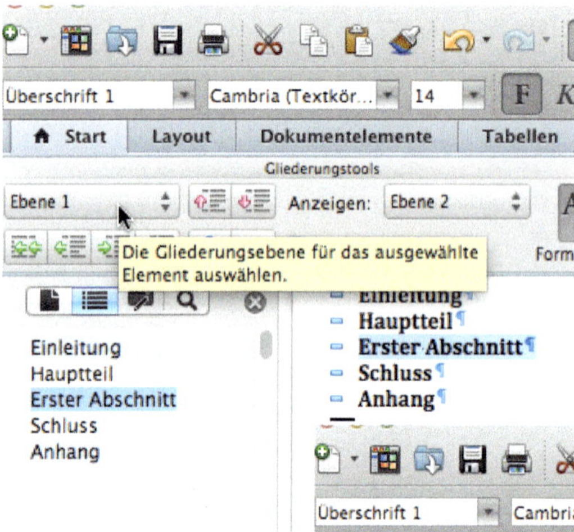
Überschrift 1
Cambria (Textkör...
14
Start
Layout
Dokumentelemente
Tabellen
Gliederungstools
Ebene 1
Anzeigen:
Ebene 2
Die Gliederungsebene für das ausgewählte Element auswählen.
Einleitung
Hauptteil
Erster Abschnitt
Schluss
Anhang

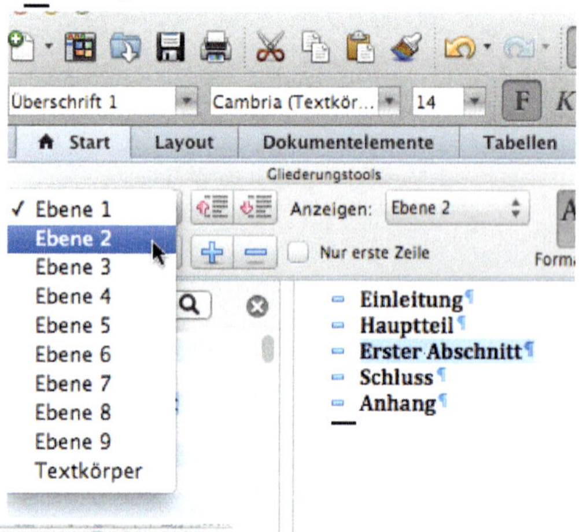
Überschrift 1
Cambria (Textkör...
14
Start
Layout
Dokumentelemente
Tabellen
Gliederungstools
Ebene 1
Ebene 2
Ebene 3
Ebene 4
Ebene 5
Ebene 6
Ebene 7
Ebene 8
Ebene 9
Textkörper
Anzeigen:
Ebene 2
Nur erste Zeile
Einleitung
Hauptteil
Erster Abschnitt
Schluss
Anhang

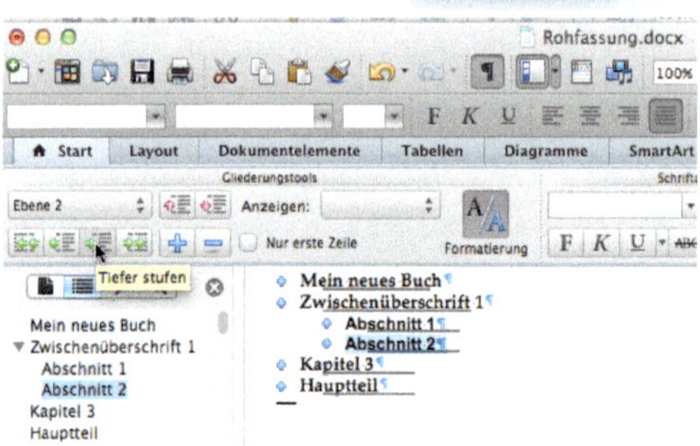
Rohfassung.docx
Start
Layout
Dokumentelemente
Tabellen
Diagramme
SmartArt
Gliederungstools
Ebene 2
Anzeigen:
Nur erste Zeile
Formatierung
Tiefer stufen
Mein neues Buch
Zwischenüberschrift 1
Abschnitt 1
Abschnitt 2
Kapitel 3
Hauptteil

Erstellen einer Gliederung: In der Gliederungsansicht können Sie Ihre Gliederung auch von Anfang an erstellen. Beginnen Sie mit dem klassischen Dreiteiler und tragen Sie auf der Ebene 1 die Überschriften *Einleitung, Hauptteil, Schluss, Anhang* ein.

Untergliedern Sie nun den Hauptteil: Beginnen Sie mit der Überschrift *Erster Abschnitt*, die Sie als *Ebene 2* formatieren. Markieren Sie dazu die Überschrift und klicken Sie die entsprechende Gliederungsebene an.

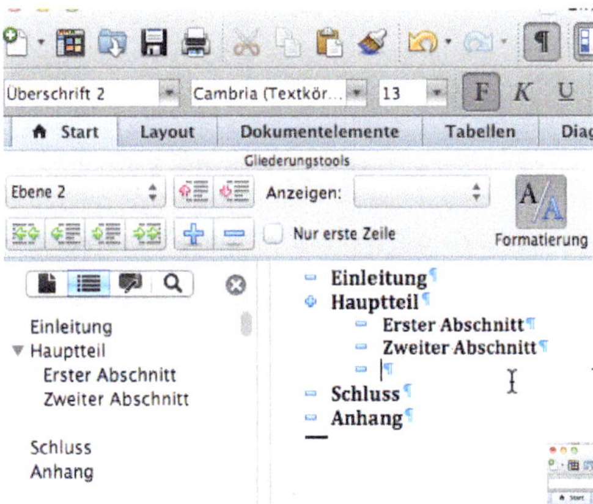

Durch Betätigung des Zeilenschalters können Sie nun weitere Überschriften auf Ebene 2 erzeugen, die Sie entsprechend benennen. Später ersetzen Sie einfach die formalen Vorgaben mit Ihren realen Überschriften.

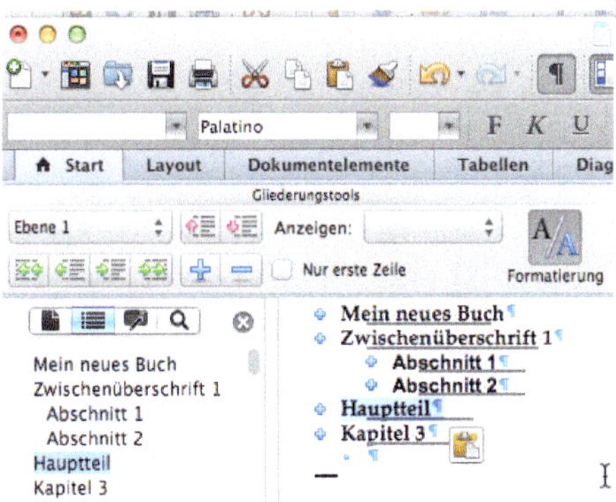

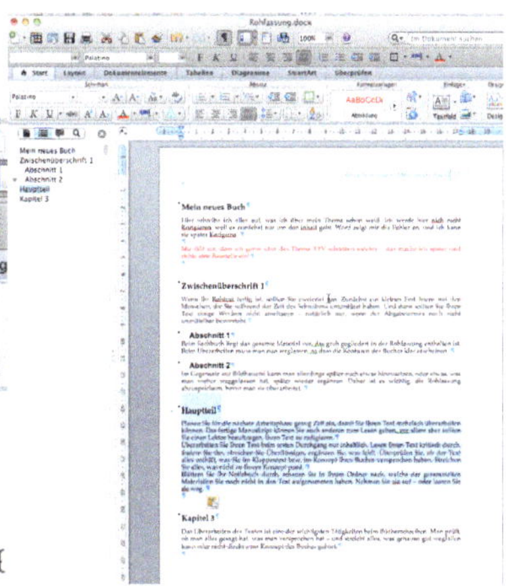

Sie können nun in jedem beliebigen Abschnitt Ihrer Gliederung mit dem Schreiben des Textes beginnen, wechseln Sie dazu wieder auf die Ansicht *Drucklayout*.

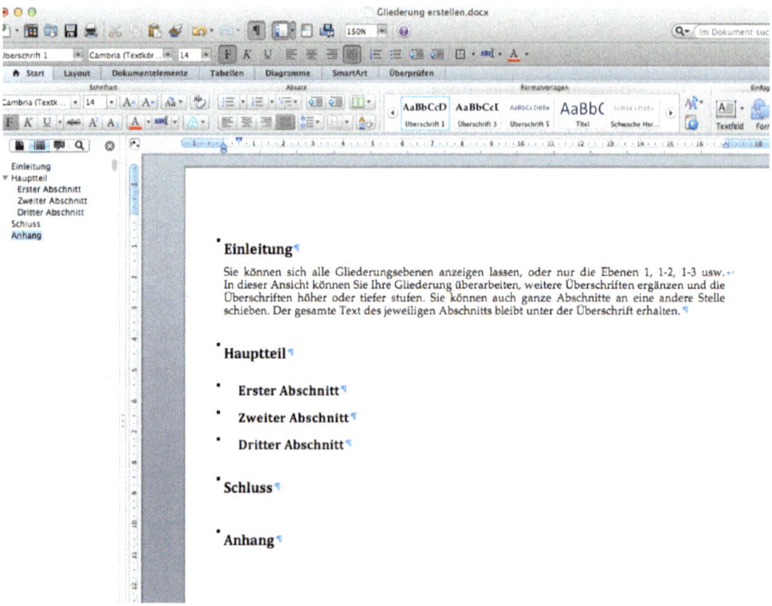

Übrigens können Sie alle Änderungen an der Gliederung auch in dem Dokumentenstrukturbereich in der Randleiste erkennen.

Überarbeitung und Korrektur

Wenn Ihr Rohtext fertig ist, sollten Sie zweierlei tun: Zunächst ein kleines Fest feiern mit den Menschen, die Sie während der Zeit des Schreibens unterstützt haben. Und dann sollten Sie Ihren Text einige Wochen nicht anschauen – natürlich nur, wenn der Abgabetermin noch nicht unmittelbar bevorsteht.

Das Überarbeiten des Textes ist eine der wichtigsten Tätigkeiten beim Bücherschreiben. Man prüft, ob man alles gesagt hat, was man versprochen hat – und streicht alles, was genauso gut wegfallen kann.

Planen Sie für die nächste Arbeitsphase genug Zeit ein, damit Sie Ihren Text mehrfach überarbeiten können. Das fertige Manuskript können Sie dann auch anderen zum Lesen geben. Vor allem aber sollten Sie jemanden bitte, Korrektur zu lesen, besser noch einen Lektor beauftragen, Ihren Text zu redigieren.

Beginnen Sie damit, Ihren Rohtext einmal durchzulesen. Lesen Sie Ihren Text nicht am Computer, sondern drucken Sie ihn aus. So können Sie handschriftliche Änderungen anbringen, Stellen markieren, Überflüssiges streichen, Fehlendes ergänzen.

Inhaltliche Überarbeitung

Überarbeiten Sie Ihren Text beim ersten Durchgang nur inhaltlich. Lesen Ihren Text kritisch durch, ändern Sie ihn, streichen Sie Überflüssiges, ergänzen Sie, was fehlt. Überprüfen Sie, ob der Text alles enthält, was Sie im Klappentext bzw. im Konzept Ihres Buches angekündigt haben. Streichen Sie, was nicht zu Ihrem Konzept passt.

Blättern Sie Ihr Notizbuch durch, schauen Sie in Ihrem Ordner nach, welche der gesammelten Materialien Sie noch nicht im Text verwendet haben. Nehmen Sie sie auf – oder lassen Sie sie weg.

Beim Schreiben eines Sachbuches hilft der Vergleich mit der Erschaffung einer Skulptur aus einem groben Stein:

Der berühmte Bildhauer Michelangelo hat mit der über 5 m hohen Figur des David die bekannteste Skulptur der Kunstgeschichte geschaffen. Er soll einmal gesagt haben, dass seine Skulptur schon im Stein war. Er hätte sie lediglich von überflüssigem Stein befreien müssen. Er musste also die Konturen der Skulptur bereits im Stein erkennen und dann herausarbeiten. Im Laufe der Arbeit musste er immer genauer wissen, wie die Skulptur am Ende aussehen sollte, denn abgeschlagener Stein lässt sich nicht wieder dran setzen.

Beim Sachbuch liegt das gesamte Material vor, das grob gegliedert in der Rohfassung enthalten ist. Beim Überarbeiten sollte man nun so viel weglassen, dass die Konturen des Buches klar erscheinen. Im Gegensatz zur Bildhauerei kann man allerdings auch noch etwas hinzusetzen, oder etwas, was man vorher weggelassen hat, wieder ergänzen. Daher ist es wichtig, die Rohfassung abzuspeichern, bevor man sie überarbeitet.

Ich speichere mehrere Fassungen ab und verwende einfach die Daten, an denen ich die Texte bearbeitet habe, im Dateinamen, z. B.: Manuskript_12042013. So kann man jederzeit auf eine frühere Fassung zurückgreifen.

Nun könnten Sie Ihren Text anderen Leuten zum Lesen geben – einem guten Freund oder einem Buch-Coach, der eine größere Distanz zu Ihnen und Ihrem Buchprojekt hat. Es soll beim ersten Lesen lediglich darum gehen, ob die Testleser den Zusammenhang verstehen, den „roten Faden" erkennen können und ob sie nach dem Lesen noch offene Fragen haben.

Falls Sie selber nicht so recht wissen, woran es in Ihrem Text hapert, was noch nicht so gelungen ist, dann hilft es, anderen von Ihrem Buch zu erzählen. An den Fragen Ihrer Gesprächspartner merken Sie, was Sie in Ihrem Text noch deutlicher oder ausführlicher schreiben müssen. Und vielleicht bekommen Sie sogar Anregungen für die inhaltliche Überarbeitung Ihres Textes.

Formale Überarbeitung

Im zweiten Durchgang sollten Sie Ihren Text eher formal überarbeiten. Prüfen Sie die einzelnen Kapitel:

- Hat jedes Kapitel eine treffende Überschrift?
- Handelt das jeweilige Kapitel auch davon, was in der Überschrift steht?
- Lässt sich das Kapitel in mehrere Unterkapitel aufteilen?
- Finden Sie Überschriften für die Unterkapitel.
- Gibt es eine Einleitung zum Kapitel und eine Überleitung vom vorigen Kapitel?
- Gibt es eine Zusammenfassung am Ende des Kapitels und einen Ausblick auf das nächste Kapitel?
- Ist ein Kapitel wesentlich länger als die anderen? Könnte es in zwei oder mehr Kapitel geteilt werden?

Die Überschriften sind eine Hilfe für denjenigen Leser, der nicht so viel Zeit hat, das ganze Buch von vorne bis hinten zu lesen. Im Inhaltsverzeichnis kann er sich über den Aufbau des Buches informieren und anhand aussagekräftiger Überschriften auf Anhieb das finden, was ihn an dem Buch besonders interessiert.

Ganz wichtig ist es, zu prüfen, ob ein Kapitel tatsächlich das zum Inhalt hat, was in der Überschrift steht. Falls es andere Themen gibt, die nicht zur Überschrift passen, sollten Sie ein weiteres Kapitel bilden. Sind es verschiedene Aspekte des Themas, dann können Sie das Kapitel in mehrere Unterkapitel aufteilen. Die sollten möglichst in etwa gleich lang sein, also nicht: zwei Abschnitte mit acht Zeilen und dann vier Seiten als Unterkapitel!

Geben Sie jedem Unterkapitel eine aussagekräftige Überschrift. Sie können später entscheiden, welche Überschriftenebenen im Inhaltsverzeichnis Ihres Buches erscheinen. Es sollten aber nicht mehr als drei verschiedene Ebenen sein, da es sonst für den Leser unübersichtlich wird.

Jedes Kapitel sollte eine ähnliche Struktur haben: eine Einleitung, einen Hauptteil und eine Zusammenfassung. Besonders gut ist es, wenn Sie zu Beginn des Kapitels an das vorige Kapitel anknüpfen und am Ende des Kapitels auf das nächste Kapitel vorbereiten.

Prüfen Sie die Länge aller Kapitel – es ist angenehm für den Leser, wenn alle Kapitel ähnlich lang sind. Sie können die Länge einzelner Abschnitte oder auch des gesamten Textes mit Hilfe der Funktion „Wörter zählen" in *Word* bestimmen.

Falls ein Kapitel wesentlich länger als die anderen ist, sollten Sie es in zwei oder mehr Kapitel unterteilen. Achten Sie aber darauf, dass Ihr Buch nicht durch allzu viele Kapitel(chen) unübersichtlich wird. Falls es wesentlich mehr als die empfohlenen fünf Abschnitte des Hauptteils sind, können Sie Ihr Buch in zwei oder drei große Teile gliedern und dann in jedem der Teile wiederum drei bis fünf Kapitel anlegen.

Sollten Ihnen diese Überlegungen zu formal oder abstrakt vorkommen, dann bedenken Sie bitte: Eine einfache Struktur, die „stur" durchgehalten wird, ist eine Hilfe zur Orientierung: Für Sie als Autor bei der Gliederung und Darstellung des Inhalts, aber auch für Ihre Leser, damit sie sich nicht im „Dschungel" zu zahlreicher Kapitel verlieren.

Nun sollten Sie Ihren Text auch noch auf Wiederholungen und Verständlichkeit prüfen:

- Kommen einzelne Passagen mehrfach vor?
- Ist es unbedingt notwendig, bestimmte Informationen mehrfach zu geben?
- Fehlen Informationen zu einem bestimmten Sachverhalt?
- Haben Sie immer dieselbe Bezeichnung für dieselbe Sache verwendet?
- Ist jeder Name, jede Bezeichnung, jeder Begriff erklärt?

Schreiben Sie für einen Leser, der keine speziellen Kenntnisse über Ihr Thema hat. Es ist dann manchmal sinnvoll, Informationen mehrfach zu geben, vielleicht aus unterschiedlichen Perspektiven.

Ein Text ohne jede Redundanzen (mehrfaches Vorhandensein derselben Information) ist für den nicht vorgebildeten Leser schwierig zu verstehen. Verwenden Sie immer dieselben Bezeichnungen für dieselbe Sache und erklären Sie jeden Namen, jede Bezeichnung und jeden Begriff.

Sprachliche Überarbeitung

Im dritten Durchgang sollten Sie Ihren Text so überarbeiten, dass er einfach und verständlich zu lesen ist. Auch derjenige Leser, der in Ihrem Buch zunächst nur „quer" liest oder ein Kapitel „überfliegt", sollte den Sinn erfassen können. Hier einige Tipps:

- Prüfen Sie die Länge der Sätze und Abschnitte. Unterteilen Sie lange, verschachtelte Sätze in mehrere kurze klare Sätze. Unterteilen Sie einen Abschnitt, der über mehr als 10-12 Zeilen geht.
- Prüfen Sie auch die Länge der Worte – bei mehr als fünf Silben sollten Sie ein kürzeres Synonym (Wort mit gleicher Bedeutung) suchen oder die Schreibweise ändern, z. B. durch Bindestriche.
- Vermeiden Sie Passivkonstruktionen, sie wirken abstrakt und unpersönlich. Formulieren Sie sie in aktive Sätze um.
- Überprüfen Sie Ihren Text auf Wortwiederholungen. Der „Thesaurus" in *Word* kann Ihnen helfen, passende Synonyme (d. h. Wörter ähnlicher oder gleicher Bedeutung) zu finden.
- Sprechen Sie Ihre Leser an, verwenden Sie „Sie, Ihr, Ihnen" oder „Du, Dein, Dich". So stellen Sie den Kontakt zum Leser her. Überlegen Sie aber vorher, ob Sie Ihre Leser einfach duzen oder lieber doch siezen wollen! Das hängt von Ihrem Stil und von der Zielgruppe ab.

Der Journalist Wolf Schneider hat mehrere Bücher geschrieben, in denen er Regeln für die deutsche Sprache vermittelt. Ihm geht es vor allem darum, dass die Leser die Texte mit Leichtigkeit und Freude lesen können. Gerade durch das Internet werden wir heute von Texten überschwemmt: Newsletter, E-Mails, Blogs, Twitter,

Facebook und andere soziale Netzwerke. Wenn nicht gleich der erste Satz zum Lesen einlädt, liest niemand diese vielen Texte.

Was ein „guter, starker Satz" ist, das hat sich nach Schneider in tausend Jahren nicht geändert. Das gilt für Bücher genauso wie für Briefe, Blogs, wissenschaftliche Arbeiten wie Geschäftsberichte.

„Schreibe den ersten Satz so, dass der Leser auch den zweiten Satz lesen will" – das ist eine wichtige Regel für gutes Schreiben.

„You never get a second chance to make a first impression" heißt ein Schlagwort unter Berufsschreibern in den USA (Wer einen ersten Eindruck machen will, kriegt keine zweite Chance).

In seinem Buch „Deutsch für junge Profis" vermittelt Wolf Schneider in 32 unterhaltsam geschriebenen Kapiteln Grundregeln für klares, verständliches Deutsch. So geht es z. B. um angemessene Kürze oder Länge. Es gibt Wörter, die man auch weglassen kann. Durchforsten Sie Ihre Texte z. B. auf folgende Wörter:

also, an sich, ausgerechnet, dann, doch, durchaus, eben, echt, eigentlich, einfach, erheblich, freilich, ganz, gänzlich, genau, geradezu, gern, gewissermaßen, halt, immerhin, irgendeine, irgendwie, ja, nämlich, natürlich, nun, quasi, reichlich, sehr, sozusagen, überhaupt, völlig, wohl, ziemlich

Nun kann man es mit der Kürze auch übertreiben – es macht viel Arbeit, immer wieder zu kürzen; Texte wirken unpersönlich und Missverständnisse sind vorprogrammiert.

Auch für die Satzlängen gilt das Gebot der Kürze – schreiben Sie die Hauptsachen in Hauptsätzen!

Bei den Nebensätzen kommt es auf die Stellung im Satz an, der Nebensatz sollte dem Hauptsatz folgen, nicht ihn unterbrechen.

Ein Beispiel:

„Wir brachen auf, als der Nebel sich lichtete." (Nachsatz oder angehängter Nebensatz)

„Als der Nebel sich lichtete, brachen wir auf." (Vorsatz oder vorangestellter Nebensatz)

Schon beim lauten Lesen merkt man, dass ein eingeschobener Nebensatz nicht gut ist, weil er den natürlichen Sprachfluss stört: „Wir brachen, als der Nebel sich lichtete, auf."

In Schneiders Buch „Deutsch fürs Leben. Was die Schule zu lehren vergaß" finden sich nützliche Regeln, z. B.:

Regel 8: „Mit Silben geizen" – ein Wort ist umso verständlicher, je weniger Silben es hat.

Regel 9: „Schlichte Wörter wählen" – man wähle gewöhnliche Worte und sage ungewöhnliche Dinge.

Regel 13: „Passiv, Infinitiv und Plusquamperfekt vermeiden" – wenn es sich irgendwie einrichten lässt, sollte das Verbum nicht im Passiv, nicht im Infinitiv und nicht im Plusquamperfekt stehen.

Regel 14: „Synonyme meistens suchen" – für „sagen" z. B.: mitteilen, ankündigen, fortfahren, ausführen, hinzufügen ...

Regel 31: „Lieber ja als nein sagen" – Eine dreifache Verneinung ist unerträglich, eine doppelte problematisch, schon das einfache Nein oder Nicht durchaus nicht ideal. Denn unsere Erwartungen sind auf das Ja gerichtet, nicht auf das, was nicht eintritt. Man sagt „So ist es", aber nicht: „So ist es nicht!"

In Schneiders Buch „Deutsch für Kenner. Die neue Stilkunde" finden sich „Die goldenen Regeln des großen Stils", z. B.:

„Die alten Wörter sind die besten und die kurzen die allerbesten." (Churchill)

„Wer's nicht einfach und klar sagen kann, der soll schweigen und weiterarbeiten, bis er's klar sagen kann." (Karl Popper)

„Was sich sagen läßt, läßt sich klar sagen, und worüber man nicht sprechen kann, darüber muß man schweigen." (Ludwig Wittgenstein)

Eine Alternative zu diesen Büchern ist die „Redigiertafel: Einfach besser schreiben" von Stefan Gottschling. Auf einem DIN A4-Blatt sind übersichtlich zehn Schritte angegeben, mit denen man seinen Text optimieren kann. Auf der Vorderseite findet sich eine Checkliste, auf der Rückseite stehen die Erläuterungen dazu.

Einige Regeln: „Kontrollieren Sie Trend- und Modewörter", „Streichen Sie Hilfsverben", „Kontrollieren Sie Floskeln und Unwörter".

Bei der sprachlichen Überarbeitung Ihres Buches sollten Sie sich immer fragen, ob Sie Ihren Text noch optimieren können. Wenn nicht, lassen Sie ihn einfach, wie er ist!

Andere lesen lassen

Nun kommt der Zeitpunkt, an dem Sie Ihren Text anderen zum Lesen geben. Wählen Sie bitte möglichst niemandem aus Ihrem näheren Umkreis, auch nicht Ihren Partner, Ihre Angehörigen oder Freunde. Sie sind selten objektiv. So mancher Autor ist an dieser Stelle empfindlich gebremst worden, weil seine „Lieben" den Text nach Strich und Faden „madig" machten – vor lauter Angst, er könnte veröffentlicht werden. Nach den ersten vernichtenden Kritiken hat schon manch einer sein Buchprojekt wieder aufgegeben.

Suchen Sie sich jemanden, der Distanz zu Ihnen und Ihrem Thema hat, der einfach alles lesen will. Das kann durchaus ein guter Bekannter sein, oder aber ein professioneller Buch-Coach, der ihren Text objektiver lesen wird als Ihre Angehörigen oder Freunde.

Vielleicht haben Sie ein oder mehrere Probeleser, die Ihren Text nicht nur lesen, sondern auch Fragezeichen oder Ausrufezeichen hinein schreiben, Fragen oder Lob formulieren, z. B.:

„Wie ist das gemeint? Hier wird es langweilig! Und toller Übergang! Mehr davon! Das verstehe ich nicht! Wie kommst Du plötzlich darauf? ..."

Lektor beauftragen

Am besten beauftragen Sie einen Lektor, egal, ob Sie Ihr Buch selber veröffentlichen oder einem Verlag anbieten wollen. Im Lektorat werden Texte inhaltlich und sprachlich überarbeitet, in der Regel ist das Korrekturlesen („Korrektorat") inbegriffen.

Der Lektor wird Ihnen Vorschläge zur Optimierung Ihres Textes machen, die Sie annehmen oder ablehnen können.

Falls Ihr Buch in einem Verlag erscheint, wird es ein Lektor des Verlages überarbeiten. Dort haben Sie meist nicht die Wahl, seine Vorschläge anzunehmen oder abzulehnen.

Verlassen Sie sich einfach auf die Erfahrungen des Verlages und seines Lektors. Schließlich übernimmt der Verlag ja die Verantwortung dafür, dass Ihr Buch von den Lesern angenommen wird.

Korrektur lesen (lassen)

Wenn Sie keinen Lektor haben, sollten Sie Ihren Text Korrektur lesen lassen, am besten von einem Außenstehenden, der in Rechtschreibung, Zeichensetzung und Grammatik sicher ist. Sie können das auch selber tun, aber Sie werden immer wieder über Ihre Fehler hinweg lesen, weil Sie Ihren Text genau kennen. Hilfreich kann hier das Korrekturprogramm von *Word* oder ein separates Programm (z. B. die DUDEN Rechtschreibprüfung) sein.

Übrigens werden Tippfehler eher auf einem Papierausdruck entdeckt als am Computerbildschirm. Überprüfen Sie Ihr Manuskript daher immer in ausgedruckter Form. Es hat sich auch bewährt, den Text laut vorzulesen, am besten einem geduldigen Zuhörer. Beim lauten Lesen bemerken Sie auch ohne Zuhörer meist viele Fehler, aber selten alle …

Tipps zum Schreiben in *Word* IV

Rechtschreib- und Grammatikprüfung: In *Word* ist die Rechtschreib- und Grammatikprüfung standardmäßig automatisch im Hintergrund aktiv. Das können Sie an diesem Symbol unten in der Statusleiste erkennen:

Während Sie den Text eingeben, erscheinen rote oder grüne Wellenlinien: Damit sind Rechtschreibfehler und Grammatikfehler gekennzeichnet.

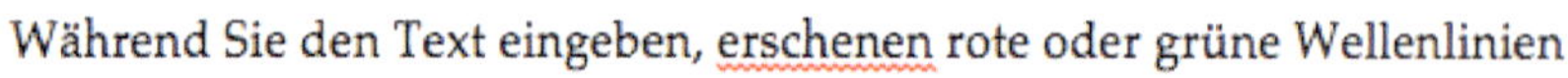

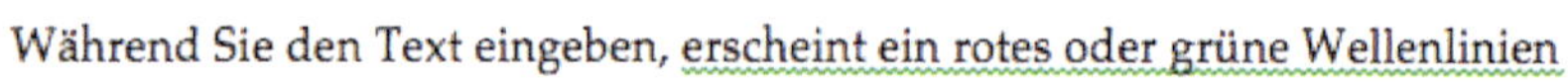

Falls Sie einen Rechtschreibfehler während der Texteingabe korrigieren möchten, klicken Sie mit der rechten Maustaste auf das falsch geschriebene Wort. Im Kontextmenü erscheinen Korrekturvorschläge: Wählen Sie das korrekte Wort aus.

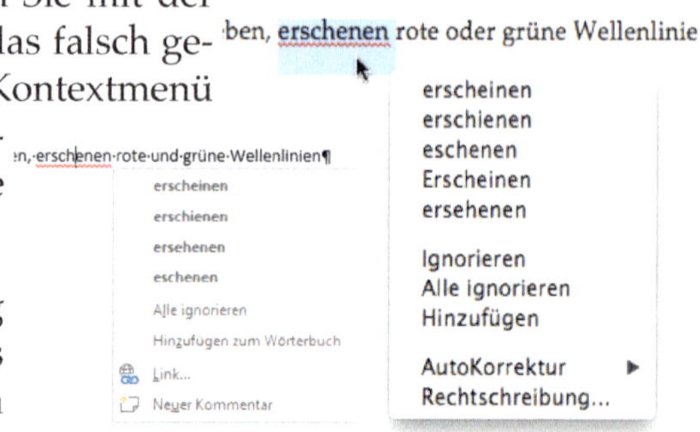

Ist das Wort richtig geschrieben, aber als falsch markiert, können Sie *Ignorieren* anklicken. Handelt es sich um einen Eigennamen oder ein fremdsprachiges Wort, das öfter im Text vorkommt, können Sie *Alle ignorieren* anklicken – das Wort wird nicht mehr als falsch markiert. Handelt es sich um einen Begriff, der richtig geschrieben ist, aber im Hauptwörterbuch von *Word* nicht vorkommt, können Sie *Hinzufügen* anklicken. Damit wird das Wort in das Wörterbuch aufgenommen und nicht mehr als falsch markiert.

Falls Sie das als falsch markierte Wort häufig falsch schreiben, können Sie *AutoKorrektur* anklicken und die richtige Schreibweise auswählen. Nun wird das Wort jedes Mal automatisch korrigiert, wenn Sie es wieder falsch geschrieben haben.

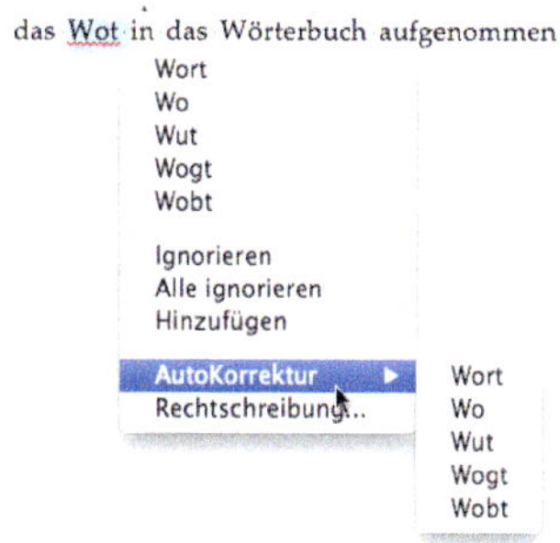

Sie können auch über das Kontextmenü in das Dialogfeld zur Rechtschreibung wechseln. Hier können Sie einen der Vorschläge auswählen und mit Klick auf *Ändern* oder *Immer ändern* korrigieren. Sie können den Fehler ignorieren, das als falsch erklärte Wort immer ignorieren oder zum Wörterbuch hinzufügen. Sie können wieder *AutoKorrektur* auswählen oder die Korrektur rückgängig machen.

Im *Word 2013* finden Sie die AutoKorrektur-Einstellungen durch Klick auf die Registerkarte *Datei* und dann auf *Optionen*. Im Fenster *Word-Optionen* klicken Sie links auf *Dokumentprüfung* und dann auf die Schaltfläche *AutoKorrektur-Optionen*.

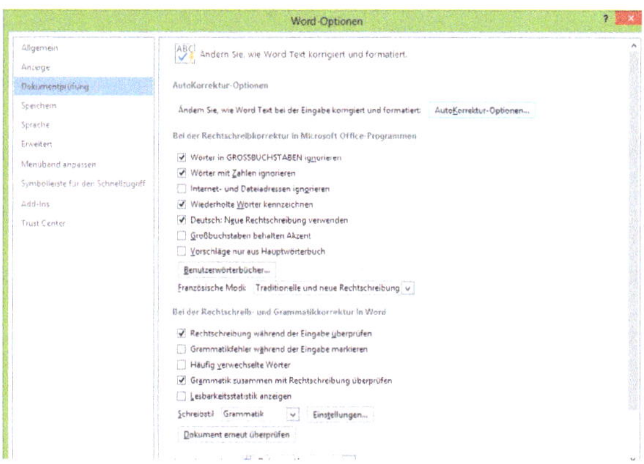

Unter *Während der Eingabe ersetzen* können Sie in dem Feld *Durch* die korrekte Schreibweise eintragen.

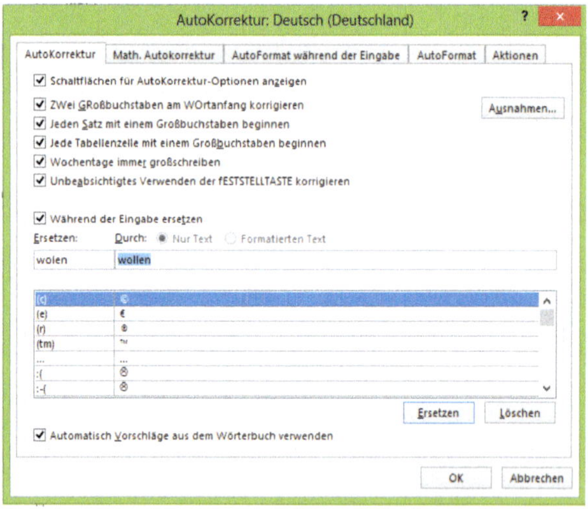

Sie können die Rechtschreib- und Grammatikprüfung auch nachträglich durchführen. Wählen Sie im Menü *Extras* den Befehl *Rechtschreibung und Grammatik.* Alle Fehler werden in dem Dialogfeld angezeigt: die Rechtschreibfehler in Rot und die Grammatikfehler in Grün.

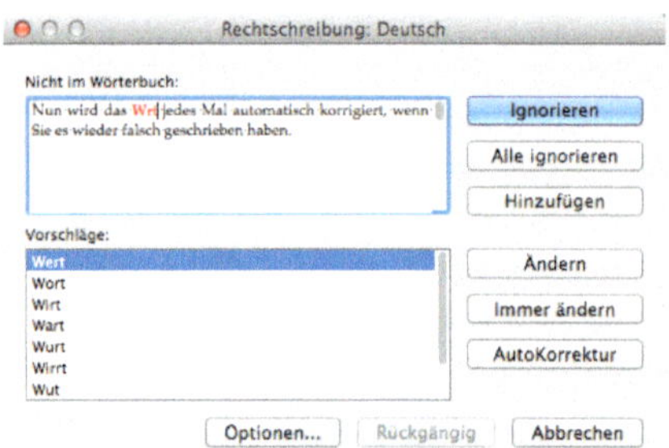

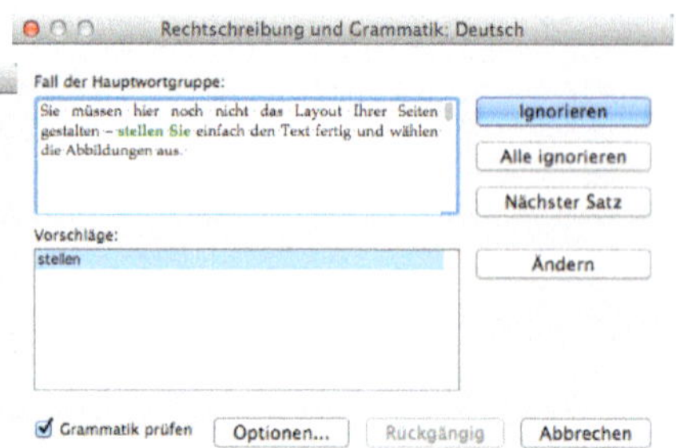

Sie sollten sich nicht ausschließlich auf die Rechtschreib- und Grammatikprüfung von *Word* verlassen – nicht alle Fehler sind gekennzeichnet, manches wird als falsch angegeben, obwohl es richtig ist, und im Hauptwörterbuch finden sich nur die allgemein gebräuchlichen Wörter. Sie können den Text im Dialogfeld ändern, auch wenn *Word* hier keinen Vorschlag macht. Damit Ihre Korrektur wirksam wird, müssen Sie sie mit einem Klick auf *Ändern* abschließen.

Als Ergänzung zur Rechtschreib- und Grammatikprüfung in *Word* ist die DUDEN-Rechtschreibprüfung für *Microsoft Office* zu empfehlen. Leider gibt es diese Software nur in einer Version für Windows.

Sprache: Falls alle Wörter in Ihrem Text rot markiert sind, haben Sie vielleicht die falsche Sprache eingestellt. Markieren Sie den Text und stellen Sie die richtige Sprache ein. Die roten Wellenlinien verschwinden. Umgekehrt können Sie auch bei fremdsprachigen Passagen die jeweilige Sprache einstellen, um die Rechtschreibung und Grammatik in der jeweiligen Sprache zu prüfen.

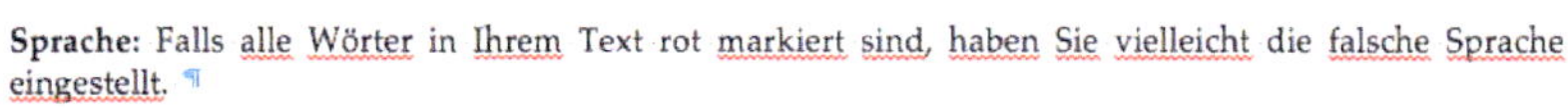

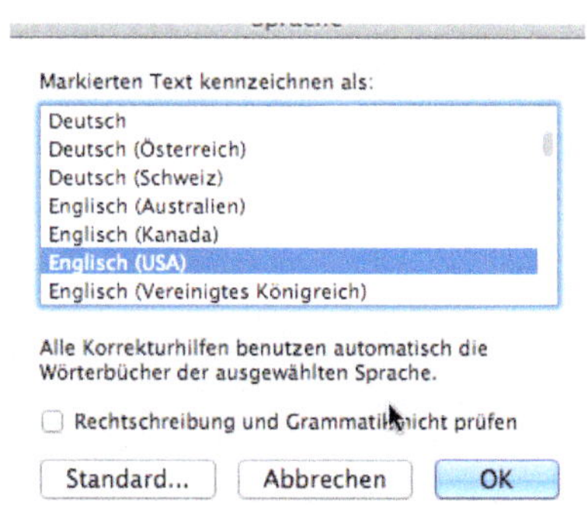

In *Word 2013* können Sie die Spracheinstellungen so vornehmen: Klicken Sie auf der Registerkarte *Überprüfen* in der Gruppe *Sprache* auf *Sprache* und dort dann auf *Sprache für die Korrekturhilfen festlegen*. Klicken Sie in der Liste auf die gewünschte Sprache. Diese können Sie durch Klick auf die entsprechende Schaltfläche *als Standard festlegen*.

Sie können auch die Funktion *Sprache automatisch erkennen* aktivieren. Dann erkennt *Word* zukünftig alle im Dokument verwendeten Sprachen.

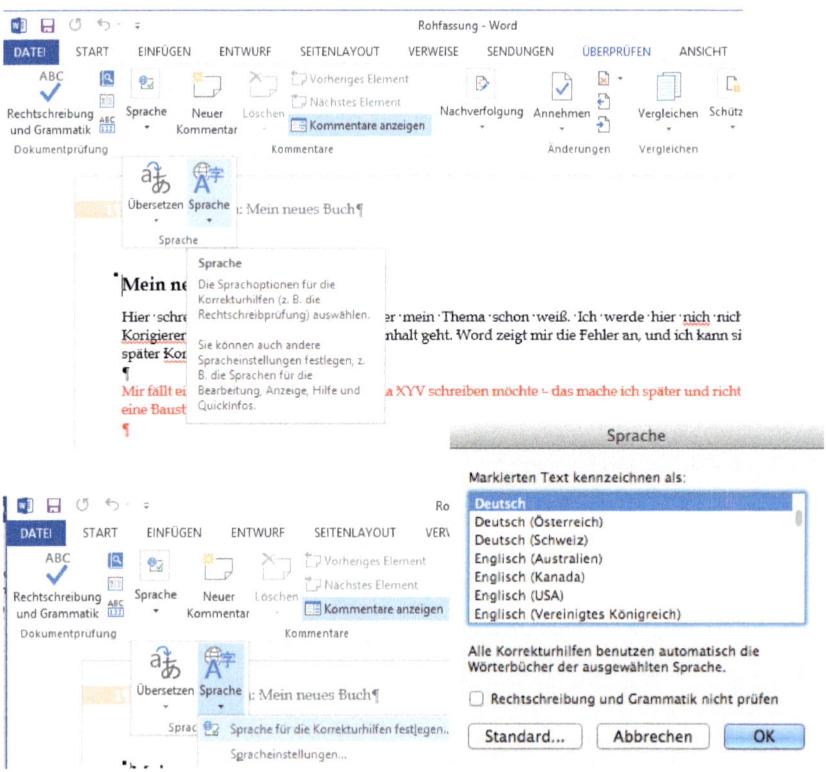

Überarbeitungsfunktion: Diese Funktion erleichtert die Kommunikation zwischen zwei oder mehreren Personen, die an dem Text arbeiten. Ein Lektor oder ein anderer Leser Ihres Textes kann seine Vorschläge für Textänderungen eintragen und Kommentare an den Rand schreiben. Um diese Funktion zu nutzen, klicken Sie im Menüband auf die Registerkarte *Überprüfen*. In der Gruppe *Nachverfolgung* finden Sie die Schaltfläche *Änderungen nachverfolgen*. Wenn Sie die Funktion eingeschaltet haben, erscheint der geänderte Text farbig markiert. Am Rand erscheint eine Schaltfläche mit Ihrem Namen, dem Datum und der Uhrzeit. Hier können Sie die Änderung durch Klick annehmen oder ablehnen.

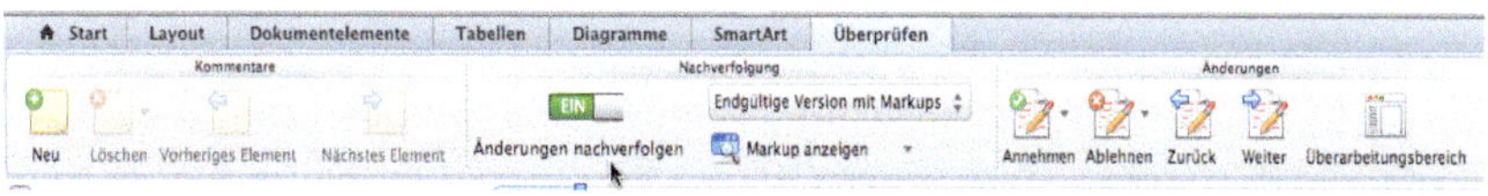

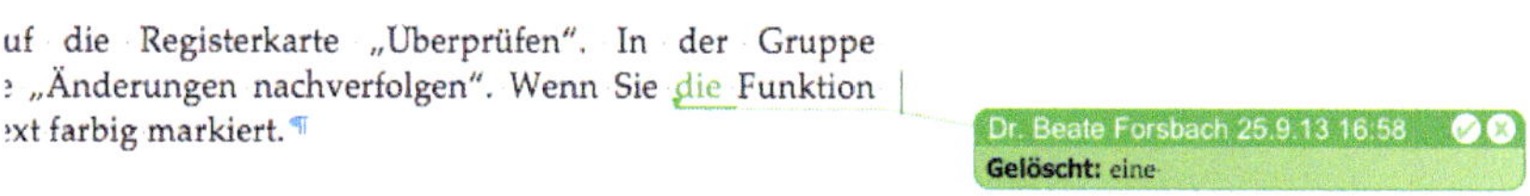

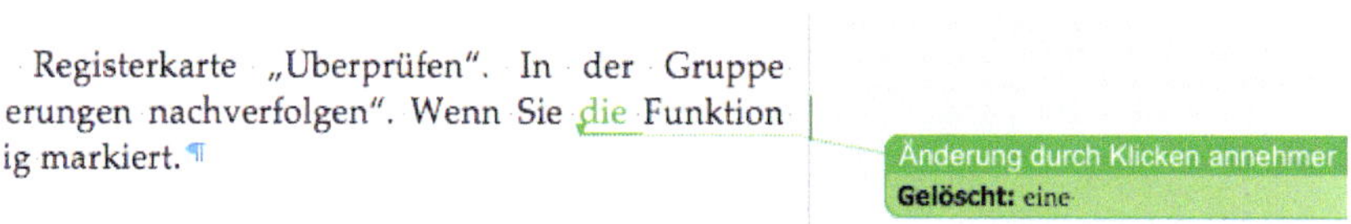

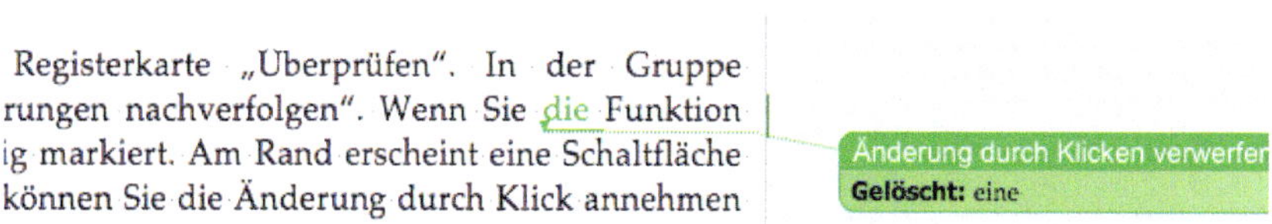

Kommentare können Sie auch eingeben, wenn die Funktion *Änderungen nachverfolgen* ausgeschaltet ist. Das ist besonders geeignet für Testleser Ihres Textes, die nur kommentieren wollen. Markieren Sie dazu ein Wort oder einen Satz und klicken Sie ganz links in der Gruppe *Kommentare* (auf der Registerkarte *Überprüfen* im Menüband) auf die Schaltfläche *Neu*.

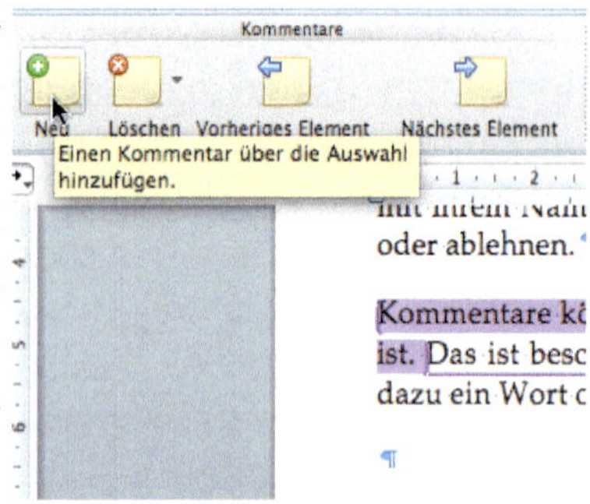

Der markierte Text wird farbig unterlegt und es erscheint eine Schaltfläche mit Ihrem Namen, dem Datum und der Uhrzeit, in die Sie Ihren Kommentar eintragen können.

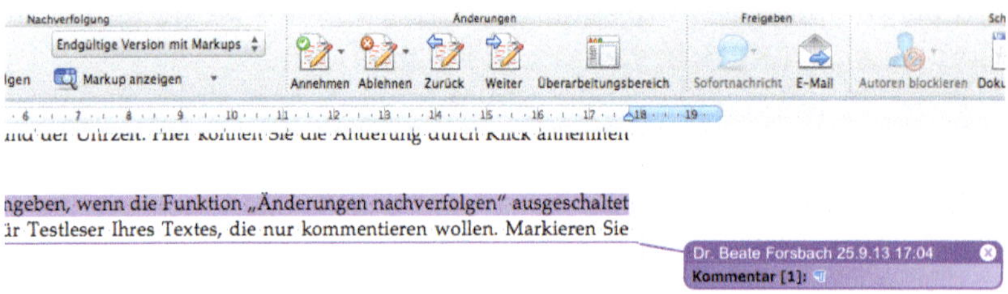

Über die Schaltflächen in der Gruppe *Kommentare* können Sie zu anderen Kommentaren gelangen, über die Schaltfläche *Löschen* können Sie einen Kommentar löschen, den Sie vorher markiert haben, oder auch alle Kommentare im Text.

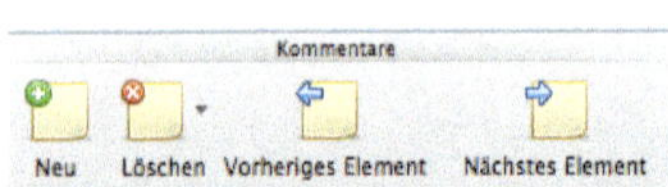

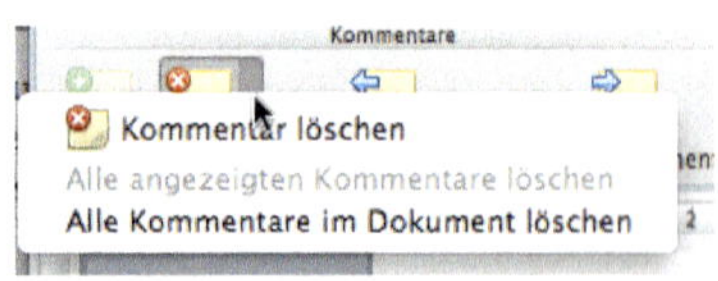

Mit Hilfe der Kommentarfunktion können Sie in einen Dialog mit einem anderen Leser Ihres Textes treten, indem immer wieder neue Kommentare dazu geschrieben werden.

In *Word 2013* gelangen Sie nach einem Klick auf die Registerkarte *Überprüfen* zu der Schaltfläche *Änderungen nachverfolgen* in der Gruppe *Nachverfolgung*. Aktivieren Sie die Option *Markup: alle* und es werden allen Veränderungen farbig im Text markiert.

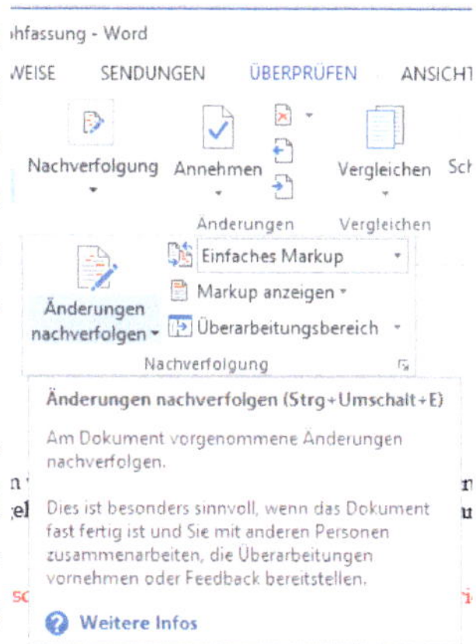

Nach Klick auf die Schaltfläche *Überarbeitungsbereich* können Sie die vertikale und die horizontale Option wählen – eine Liste der Bearbeitungen mit dem Namen des Bearbeiters erscheint dann links neben bzw. unterhalb des Dokumentes.

Thesaurus: Das ist eine nützliche Funktion, um Synonyme, also Wörter mit gleicher oder ähnlicher Bedeutung, in einem einsprachigen Lexikon zu finden. Markieren Sie das entsprechende Wort und klicken Sie auf die rechte Maustaste. Klicken Sie in dem neuen Fenster auf *Synonyme,* und es erscheint eine Liste von Wörtern. Wählen Sie das passende Wort per Klick aus, und das ursprüngliche Wort wird im Text durch das neue ersetzt.

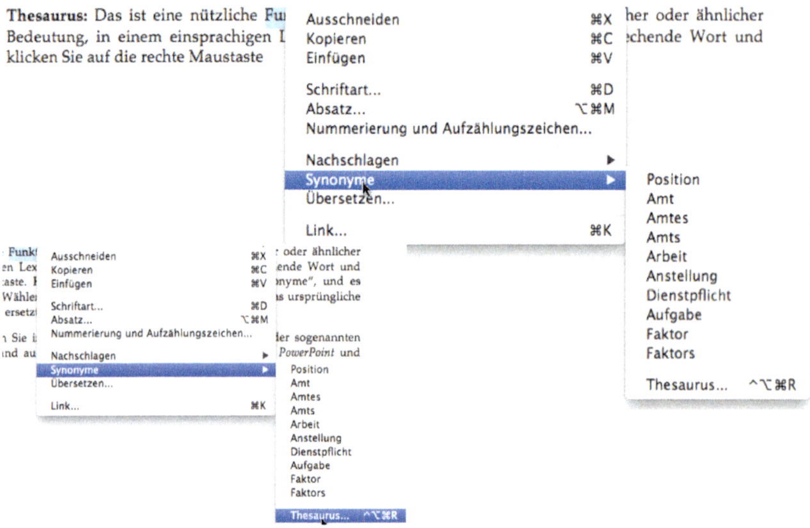

Auf dem gleichen Wege gelangen Sie in den eigentlichen Thesaurus. Das ist einer der sogenannten *Referenztools,* die es in *Word* und auch in den Office-Programmen *Excel, PowerPoint* und *Outlook* gibt. Den Thesaurus können Sie auch im Menü *Ansicht* mit einem Klick auf *Referenztools* aktivieren.

Neben der Taste *Einfügen* gibt es eine Taste zum Nachschlagen im Wörterbuch. Auf diesem Wege finden Sie bestimmt ein passendes Wort!

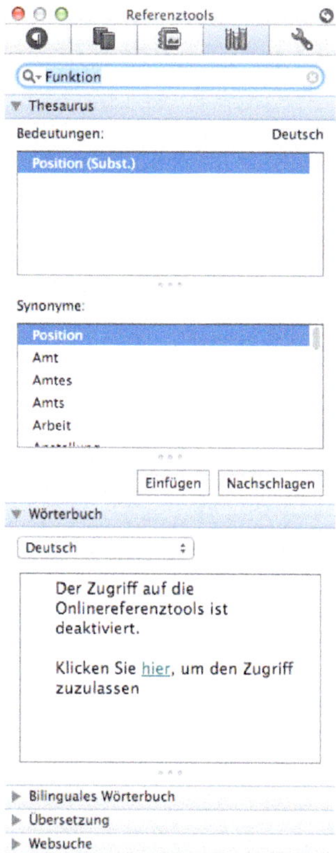

Weiterhin können Sie auch in Wörterbüchern anderer Sprachen nachschlagen, sich das Wort im *Bilingualen Wörterbuch* ins Englische oder im *Übersetzungstool* in eine andere Sprache übersetzen lassen oder eine Websuche aktivieren.

In *Word 2013* können Sie einen Begriff nachschlagen oder übersetzen, indem Sie die Taste *Alt* gedrückt halten und auf das gewünschte Wort klicken. Daraufhin wird der Bereich *Recherchieren* eingeblendet, das gewählte Wort erscheint oben in dem Suchfeld.

Nach Klick auf den Pfeil neben dem Dropdown-Listenfeld können Sie den deutschen oder einen anderssprachigen Thesaurus oder den Befehl *Übersetzung* wählen. Durch Klick auf ein Wort der Liste wählen Sie ein sinnverwandtes Wort aus oder recherchieren weiter. Bei der Übersetzung wählen Sie die Sprachen in den Feldern *Von* und *Nach* aus.

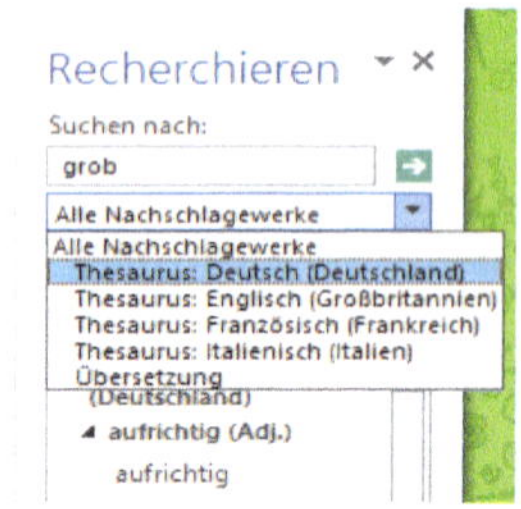

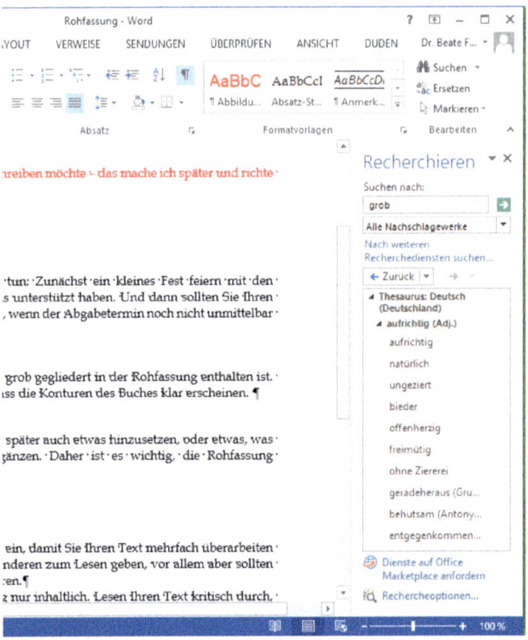

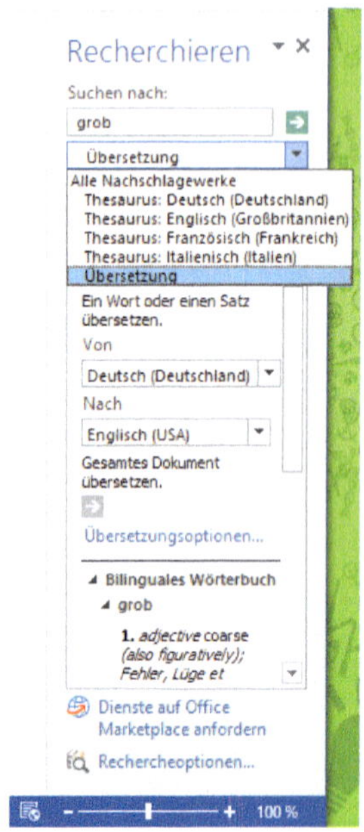

Wörter zählen: Diese nützliche Funktion finden Sie im Menü *Extras* mit Klick auf *Wörter zählen*. In dem sich öffnenden Fenster können Sie die Anzahl der Seiten, der Wörter, der Zeichen (ohne oder mit Leerzeichen), der Absätze und der Zeilen erfahren.

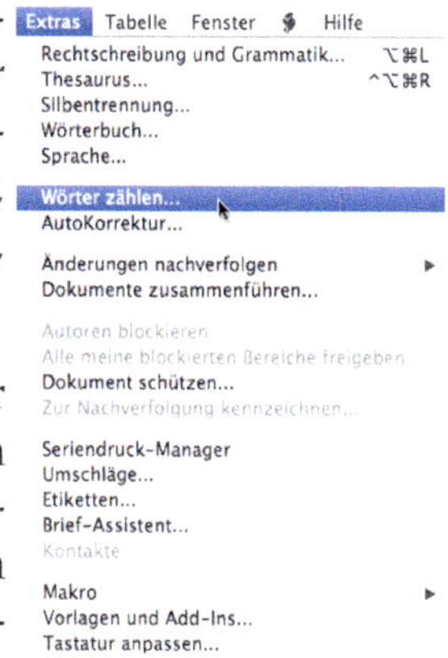

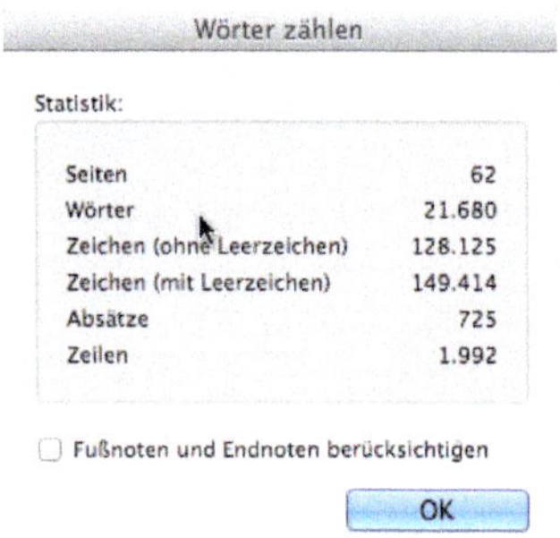

Zu diesem Fenster können Sie auch über die Schaltfläche ganz unten im Dokumentenfenster gelangen.

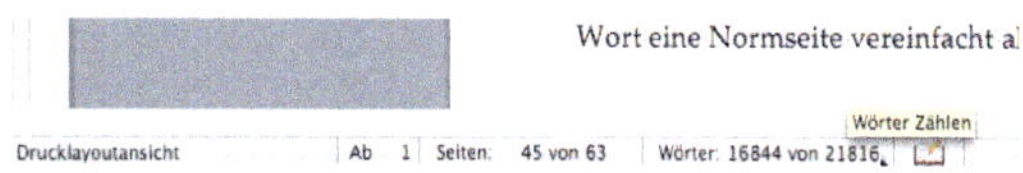

In *Word 2013* gelangen Sie auf der Registerkarte *Überprüfen* über die Schaltfläche *Wörter zählen* in der Gruppe *Dokumentprüfung* oder über die Schaltfläche am unteren Dokumentenrand zu dem Fenster *Wörter zählen*.

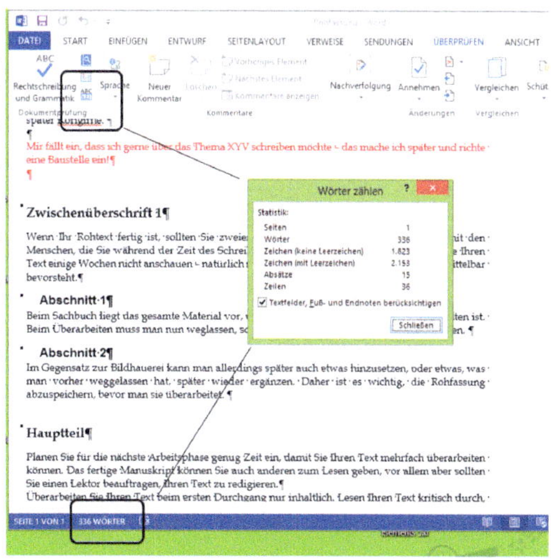

Wozu Wörter zählen?

Sie können die Wörter bzw. Zeichen im gesamten Dokument zählen oder in markierten Abschnitten. So können Sie z. B. die Länge zweier Kapitel vergleichen.

Verlage möchten meist genaue Angaben über die Länge Ihres Manuskriptes haben. Lektoren berechnen ihr Honorar und die VG Wort zahlt ihre Vergütung nach der Anzahl der Zeichen.

Die Anzahl der Zeichen mit Leerzeichen wird auch zur Berechnung der *Normseite* verwendet.

Als man früher mit der Schreibmaschine schrieb, gab es für jeden Buchstaben und jedes Leerzeichen gleich viel Platz. Es passten in der Regel 30 Anschläge in eine Zeile, und 60 Zeilen auf ein DIN-A4-Blatt. Daraus ist die *Normseite* mit 30 x 60 = 1800 Zeichen geworden. Dabei werden allerdings halb volle Zeilen und Seiten sowie die Formatierung von Dialogen nicht berücksichtigt.

Daher wurde von der VG Wort eine Normseite vereinfacht als Normseite mit 1500 Anschlägen festgelegt.

Fertigstellung des Manuskripts

Abbildungen einfügen

Überlegen Sie spätestens jetzt, welche Abbildungen Sie verwenden wollen. Sammeln Sie die Abbildungen als Einzeldateien in einem separaten Ordner und schreiben Sie einen Hinweis in Ihre Datei.

Abb. 1_Kopfzeile

Sie können alle Abbildungen einfach durchnummerieren und mit einem inhaltlichen Vermerk versehen, z. B.:

1_Kopfzeile
2_Dokumentenstruktur
3_Gliederung

Wollen Sie viele Abbildungen verwenden, empfiehlt sich eine systematische Nummerierung und Ordnung der Abbildungen nach Kapiteln, z. B.:

1.1_Kopfzeile
1.2_Dokumentenstruktur
1.3_Gliederung

2.1_Text
2.2_Tabelle
2.3_Bild

Kopieren Sie die Abbildungen nicht in Ihr *Word*-Dokument und fügen Sie sie auch nicht über das Menü *Einfügen* ein. Dateien mit Abbildungen, die für den Druck optimiert sind, sind meist recht groß. Ihr *Word*-Dokument würde ziemlich groß und unhandlich, das Laden und Speichern würde lange dauern, und es ließe sich nur schwer per E-Mail versenden.

Sie brauchen hier noch nicht das Layout Ihrer Seiten zu gestalten. Stellen Sie zunächst einfach den Text fertig und wählen Sie die Abbildungen aus. Das Layout wird später gestaltet, in der Regel in einem separaten Satzprogramm. Es wäre überflüssige Arbeit, damit zu beginnen, bevor der Text abgeschlossen ist.

Qualität der Abbildungen

Generell gilt: Alle Fotos und Grafiken, die Sie in Ihrem Buch verwenden wollen, müssen in bestmöglicher Qualität und einer besonders hohen Auflösung vorhanden sein. Genauere Hinweise wird Ihnen Ihr Verlag oder Ihre Druckerei geben.

Fotografieren Sie daher bitte mit Ihrer Digitalkamera stets in höchster Auflösung, damit Sie die Bilder in Ihrem Buch verwenden können. Der Druck eines Bildes erfordert eine andere Qualität als z. B. die Veröffentlichung im Internet.

Für den Druck sollten die Abbildungen in einer Auflösung von mindestens 300 dpi vorliegen. Mit dpi misst man die sogenannte „Punktdichte", dpi bedeutet „dots per inch" (engl.: Punkte pro Zoll).

In einem Grafikprogramm finden Sie die Bezeichnung Pixel/Zoll (die Abbildung zeigt diese Angaben im Programm Adobe Photoshop). Dasselbe Bild wäre bei einer Auflösung von nur 72 dpi wesentlich größer, d. h. je geringer die Auflösung, desto größer das Bild, oder: je höher die Auflösung, desto kleiner das Bild.

Wenn Sie Bilder in Graustufen verwenden, sollten diese in einer Auflösung von mindestens 600 dpi vorliegen, bei reinen Strichzeichnungen sind oft sogar 1200 dpi erforderlich.

Die Bilder werden im JPG-Format oder Tif-Format abgespeichert. Beim Buchdruck wird das Tif-Format dem JPG-Format vorgezogen. Tif-Dateien sind meist größer als JPG-Dateien, ein Grund mehr, keine Bilder ins Manuskript einzufügen.

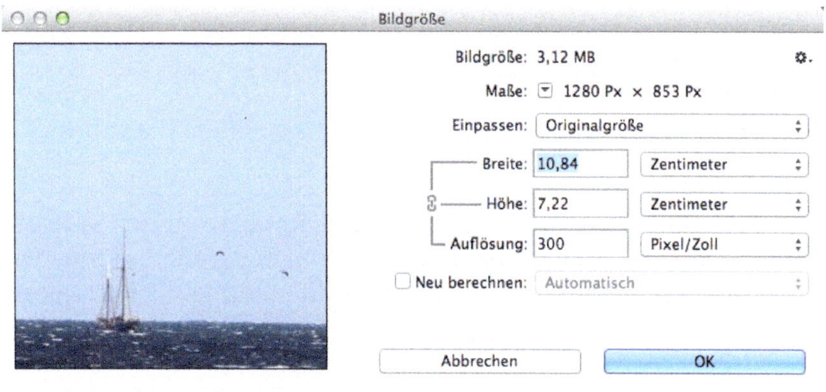

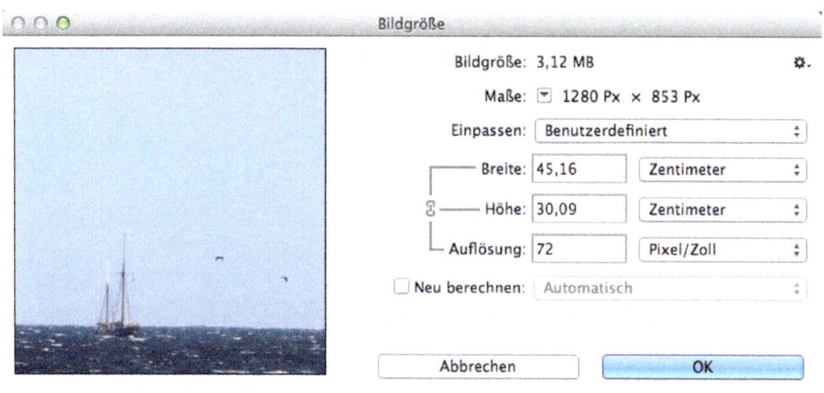

Bilder, Copyright und Datenbanken

Verwenden Sie nur Bilder und Grafiken, für die Sie das Copyright besitzen!

Wenn Sie Bilder aus Büchern oder dem Internet kopieren und in einem Buch veröffentlichen, brauchen Sie die schriftliche Genehmigung des Urhebers.

Es gibt zahlreiche Bilddatenbänke im Internet, in denen Sie passende Bilder finden und downloaden können. Viele Bilder gibt es kostenlos, für andere muss man eine Gebühr bezahlen.

Pixelio ist eine kostenlose Datenbank für lizenzfreie Fotos: http://www.pixelio.de/.

Hier sind alle Bilder gekennzeichnet im Hinblick auf den Verwendungszweck und die Bearbeitungsrechte: Entweder ist nur die redaktionelle Nutzung erlaubt, meist mit einem eingeschränkten Bearbeitungsrecht, oder aber es ist die kommerzielle Nutzung mit einem erweiterten Bearbeitungsrecht zulässig.

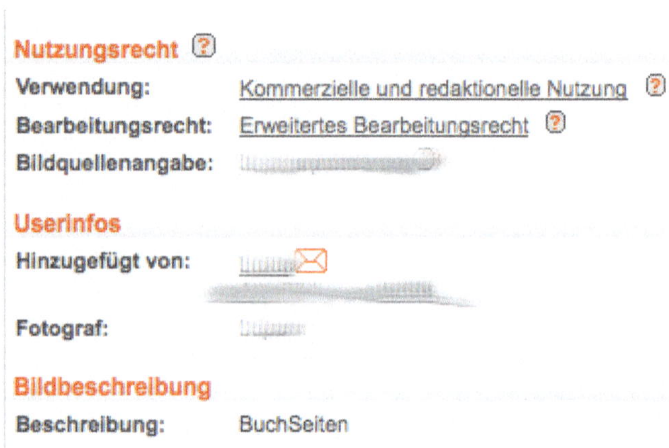

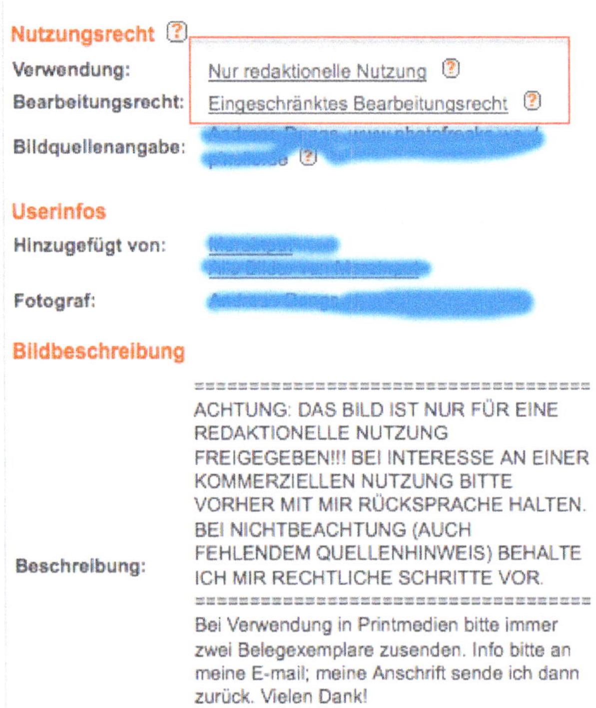
Nutzungsrecht

Verwendung: Nur redaktionelle Nutzung

Bearbeitungsrecht: Eingeschränktes Bearbeitungsrecht

Bildquellenangabe: [redacted]

Userinfos

Hinzugefügt von: [redacted]

Fotograf: [redacted]

Bildbeschreibung

Beschreibung:
==================================
ACHTUNG: DAS BILD IST NUR FÜR EINE REDAKTIONELLE NUTZUNG FREIGEGEBEN!!! BEI INTERESSE AN EINER KOMMERZIELLEN NUTZUNG BITTE VORHER MIT MIR RÜCKSPRACHE HALTEN. BEI NICHTBEACHTUNG (AUCH FEHLENDEM QUELLENHINWEIS) BEHALTE ICH MIR RECHTLICHE SCHRITTE VOR.
==================================
Bei Verwendung in Printmedien bitte immer zwei Belegexemplare zusenden. Info bitte an meine E-mail; meine Anschrift sende ich dann zurück. Vielen Dank!

Der Urheber des Bildes ist auf jeden Fall anzugeben, auch wenn die Bilder kostenlos herunter geladen werden können. Beispiel:

Coverbild: © lindawelsa – Fotolia.com

Die Bilder haben ein Wasserzeichen, erst nach dem offiziellen Download erscheint das Bild ohne Wasserzeichen.

Sie können Bilder in zwei Qualitäten – für die Wiedergabe im Internet oder in Druckqualität herunter laden – die jeweilige Größe ist dabei angegeben.

Bei **Fotolia** gibt es lizenzfreie Fotos, Videos und Vektorgrafiken: http://de.fotolia.com/. Hier können Sie Bilder in unterschiedlichen Größen und mit verschiedenen Lizenzen erwerben.

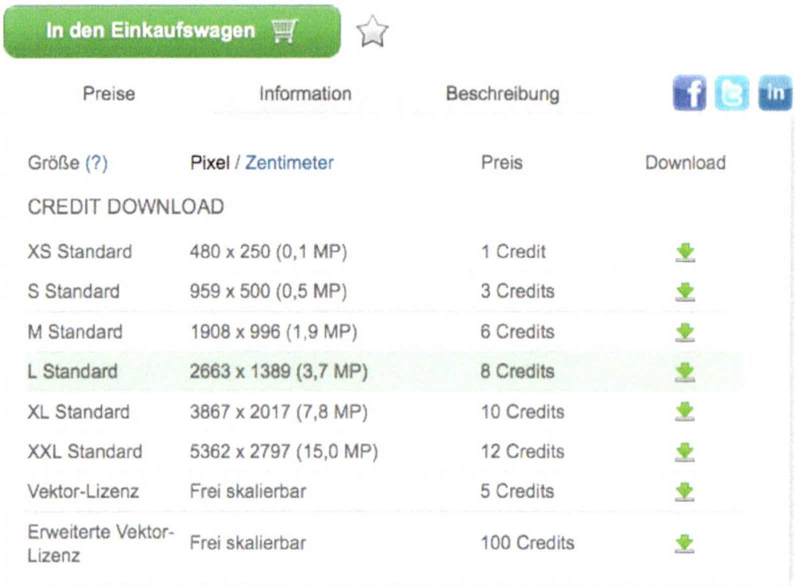

Größe (?)	Pixel / Zentimeter	Preis	Download
CREDIT DOWNLOAD			
XS Standard	480 x 250 (0,1 MP)	1 Credit	
S Standard	959 x 500 (0,5 MP)	3 Credits	
M Standard	1908 x 996 (1,9 MP)	6 Credits	
L Standard	2663 x 1389 (3,7 MP)	8 Credits	
XL Standard	3867 x 2017 (7,8 MP)	10 Credits	
XXL Standard	5362 x 2797 (15,0 MP)	12 Credits	
Vektor-Lizenz	Frei skalierbar	5 Credits	
Erweiterte Vektor-Lizenz	Frei skalierbar	100 Credits	

Bei **Clipdealer** gibt es lizenzfreie Fotos, Videos, Audios und Illustrationen: http://de.clipdealer.com.

Es gibt noch zahlreiche andere Datenbanken mit kostenlosen und kostenpflichtigen Bildern, dazu kommen kleinere Fotoagenturen, bei denen Sie Bilder für Ihre Bücher erwerben können.

Eine Internetrecherche führt Sie schnell zu dem Angebot, das für Ihre Zwecke geeignet ist.

Zitate einfügen

Neben Abbildungen werden Sie sicher auch Textzitate in Ihrem Buch verwenden. Auch für Texte aller Art gilt das Urheberrecht. Nicht nur in wissenschaftlichen Arbeiten, sondern in jeder Veröffentlichung müssen Sie fremde Materialien ausweisen. Egal, ob es sich um Informationen aus der Tageszeitung, einer Fachzeitschrift, einem Buch oder aus dem Internet handelt, Sie müssen die Quelle angeben.

Beim Zitieren sollten Sie einige Grundregeln beachten: wenn Sie „abschreiben", d. h. wörtlich zitieren, müssen Sie den Text genauso übernehmen, wie er im Original steht. Selbst wenn er Fehler enthält, müssen Sie die mit übernehmen. Kennzeichnen Sie wörtliche Zitate durch Anführungszeichen. Stehen im Zitat selber welche, dann werden diese zu einfachen Anführungszeichen.

Als Beispiel ein Zitat aus diesem Kapitel:

„Wenn Sie ‚abschreiben', d. h. wörtlich zitieren, müssen Sie den Text genauso übernehmen, wie er im Original steht." (Forsbach 2013, S. 129)

Sie können das Zitat auch umformulieren und in Ihren Text integrieren. Dann sollte aber trotzdem erkennbar sein, dass Sie den Gedanken eines anderen Autors wiedergeben. Im Beispiel könnte das so sein: Beate Forsbach rät in ihrem Buch „So schreiben Sie Ihr Buch" (2013) dazu, bei wörtlichen Zitaten den Text genauso zu übernehmen, wie er im Original steht.

Wenn Sie Sprüche, Gedichte, Songtexte oder ganze Geschichten zitieren, ist das ein sogenanntes *Großzitat*. Hier müssen Sie die Abdruckerlaubnis einholen, in der Regel vom Verlag, manchmal auch vom Autor. Selbst wenn der betreffende Text noch so oft im

Internet zu finden ist, dürfen Sie ihn in Ihrem Buch nicht ohne Erlaubnis des Urhebers wiedergeben – es sei denn, dieser ist schon länger als 70 Jahre tot.

Wenn man fragt, bekommt man manchmal die Abdruckgenehmigung, ohne etwas bezahlen zu müssen. Oder man bezahlt eine gewisse Summe und schickt ein Belegexemplar des Buches an den Inhaber der Rechte.

Wenn Sie andere Autoren zitieren und deren Werke im Text nennen, dann ist es sinnvoll, die verwendete Literatur in einem Literaturverzeichnis am Ende Ihres Buches anzugeben. Die Art der Quellenangabe ist nicht festgelegt, sie sollte aber einheitlich sein. Vor allem sollten die bibliographischen Angaben soweit vorhanden sein, dass der Leser die Quelle finden kann.

Beispiel:
Forsbach, Beate: So publizieren Sie Ihr Buch. Vom Manuskript bis zum Selbstverlag. Mit Tipps zu Word 2011/2013 und Indesign CC. Edition Forsbach 2014

Layout gestalten

Nachdem Sie die Abbildungen und Zitate eingefügt haben, ist Ihr Manuskript eigentlich fertig. Ob und wie Sie nun noch das Layout Ihres Textes gestalten wollen, hängt natürlich auch davon ab, wie Ihr Text veröffentlicht werden soll.

Sie haben schon einen Verlagsvertrag

Wenn Sie bereits einen Verlagsvertrag haben, schicken Sie das fertige Manuskript einfach an Ihren Verlag. Manchmal haben Sie Vorgaben erhalten, nach denen Sie sich richten sollten, z. B. beim Seitenformat oder beim Schrifttyp. In der Regel aber reicht es, wenn Sie Ihren Text ohne besondere Formatierungen einreichen. Der Verlag ist ja Spezialist für die Gestaltung von Büchern und wird ein ansprechendes Layout erstellen.

Sie wollen Ihr Manuskript an mehrere Verlage einsenden

Wenn Sie Ihr Manuskript an verschiedene Verlage zur Begutachtung einsenden wollen, sollten Sie einige Grundsätze beachten:

Schreiben Sie Ihr Manuskript mit breiten Rändern und weiten Zeilenabständen – der Lektor muss Platz haben, um seine Anmerkungen und Korrekturen in den Text zu schreiben. Seien Sie großzügig mit den Seiten (zum Ausdruck genügt preiswertes Papier), beginnen Sie jedes Kapitel auf einer neuen Seite, möglichst auf der rechten Seite. Bei Bedarf wird eine leere Seite eingefügt.

Gestalten Sie die Seiten nicht mit verschiedenen Schriften, mit eingefügten Abbildungen und sonstigem „Schmuck". Schreiben Sie ganz schlicht in einer Standardschrift, setzen Sie allenfalls die Überschriften ab.

Machen Sie kleine Absätze, lassen Sie Abstände, verwenden Sie Aufzählungen und mehr ... Das endgültige Layout wird später vom Verlag gestaltet.

Markieren Sie die Stellen für Abbildungen im Text, sammeln Sie die Bilder in einer gesonderten Datei. Ansonsten wird die Manuskriptdatei zu groß und unbeweglich.

Fügen Sie eine durchgängige Seitennummerierung ein, vielleicht auch Kopf- oder Fußzeilen. All das dient der besseren Orientierung in Ihrem Manuskript.

Sie möchten Ihr Buch selber publizieren

Wollen Sie Ihr Buch selber publizieren, müssen Sie sich mit einigen Grundregeln für Layout und Typographie beschäftigen. Wählen Sie am besten einen der zahlreichen Book-on-Demand-Anbieter. Dort bekommen Sie vielfältige Hilfen, meist auch Formatvorlagen und Tipps zur Erstellung einer Druckvorlage.

Sie möchten das Layout Ihres Buches selber gestalten

Dazu sind verschiedene Elemente festzulegen:

- das Buchformat,
- der Satzspiegel
- die Größe und Art der Schriften
- die weißen Flächen
- das Verhältnis von Text zu Bild

Möchten Sie das Layout Ihres Buches selber gestalten, sollten Sie sich zunächst für ein **Buchformat** entscheiden. Soll Ihr Buch im Hoch- oder Querformat erscheinen? Wie groß soll die Seite sein?

Gängige Buchformate sind:

- 12 x 19 cm – Taschenbuch
- 13,5 x 21,5 cm
- 14,8 x 21 cm – DIN A5
- 15,5 x 22 cm
- 17 x 22 cm
- 21 x 29,7 cm – DIN A4

Schauen Sie sich verschiedene Bücher an und wählen Sie das Format, das Ihnen gut gefällt und zu Ihrem Buch passt. Erkundigen Sie sich auch bei der Druckerei, die Ihr Buch herstellen soll. Manchmal gibt es Einschränkungen oder auch Preisunterschiede, z. B. wenn das Buch größer als DIN A5 ist.

Weiter bestimmen Sie den **Satzspiegel**, das ist der bedruckte Bereich auf der Seite. Es gibt verschiedene Möglichkeiten, um den Satzspiegel zu berechnen, letztlich hängt der Satzspiegel von der Breite der Seitenränder ab.

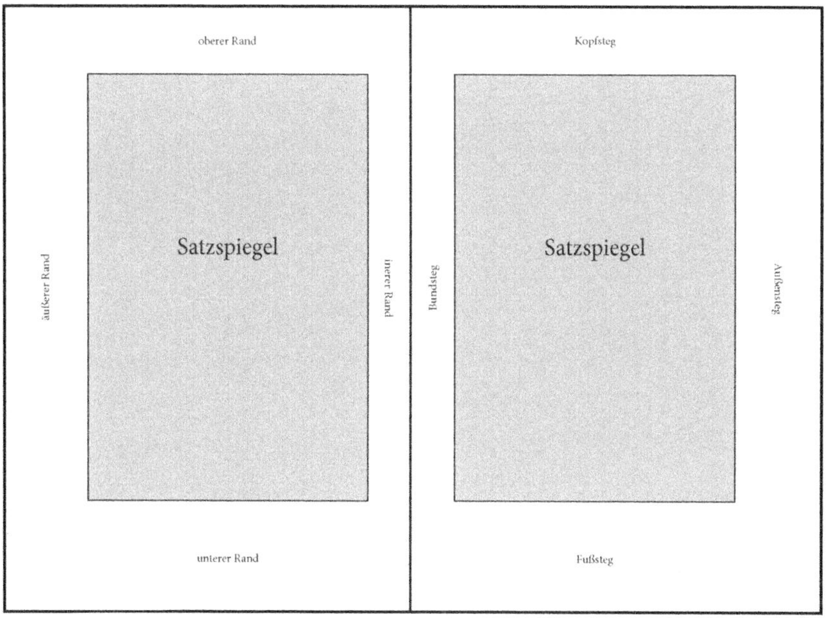

Das Verhältnis der Ränder zueinander wird nach verschiedenen Methoden berechnet. Ein gängiges Raster ist die Neunerteilung, in der die Seitenränder im Verhältnis 2:3:4:6 stehen.

Für eine Seite im DIN A5-Format (148 x 210 mm) bedeutet das:

- Oberer Rand: 23,33 mm
- Unterer Rand: 46,67 mm
- Innerer Rand: 16,44 mm
- Äußerer Rand: 32,89 mm

Der Satzspiegel hat dann die Maße 98,67 x 140 mm.

Weitere Beispiele finden Sie im „Satzspiegel-Rechner“ auf der Website http://www.boooks.org/.

Tipps zum Schreiben in *Word* V

Hier folgt eine Kurzanleitung, wie Sie mit *Word* das Layout Ihres Buches selber gestalten können:

Seite einrichten: Wählen Sie im Menüband die Registerkarte *Layout* bzw. *Seitenlayout*. In der Gruppe *Seite einrichten* finden Sie Einstellmöglichkeiten für die Ausrichtung und Größe der Seite sowie Umbruchoptionen.

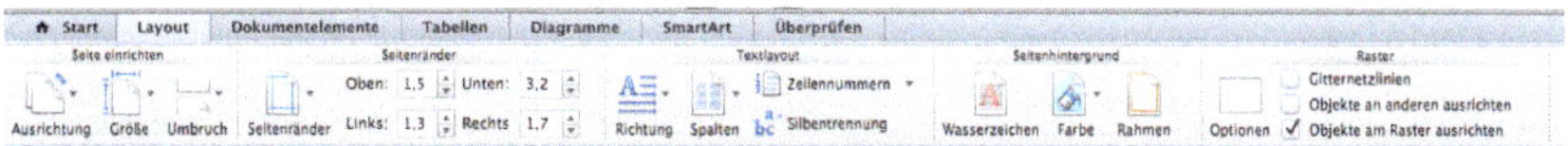

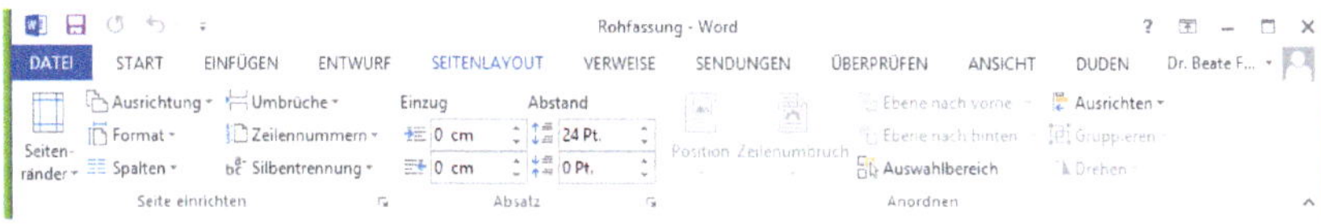

Klicken Sie auf die Schaltfläche *Ausrichtung* und wählen Sie *Hoch-* oder *Querformat*.

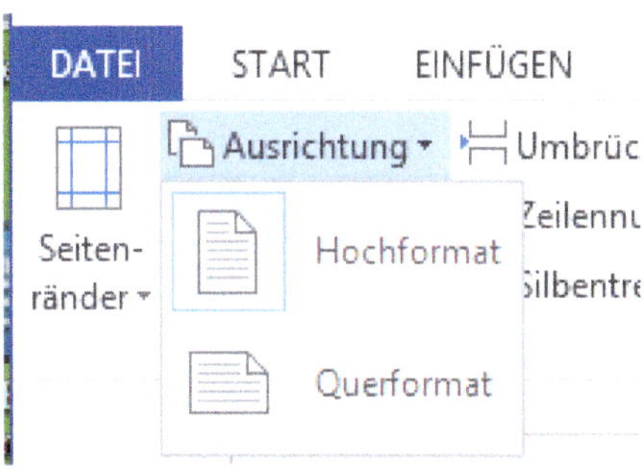

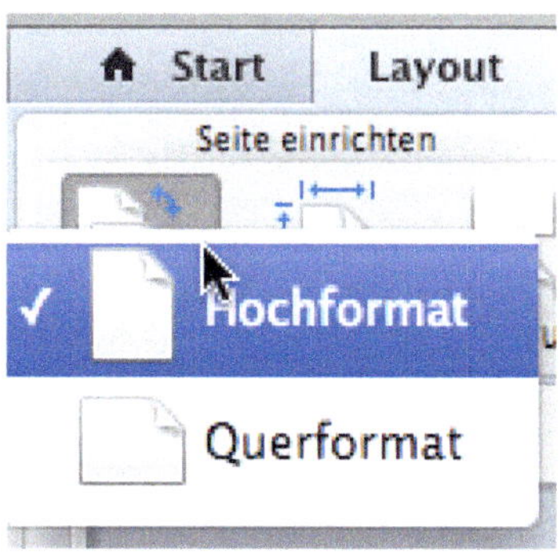

Um ein Papierformat auszuwählen, klicken Sie auf die Schaltfläche *Größe* – im aufspringenden Fenster sind verschiedene Papierformate aufgelistet. Wählen Sie eins aus und klicken Sie es an.

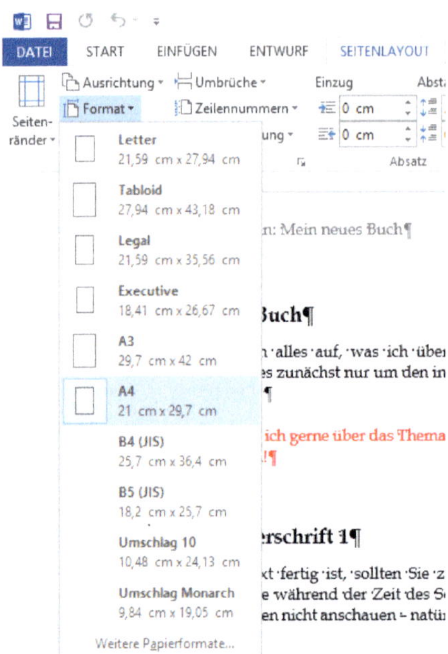

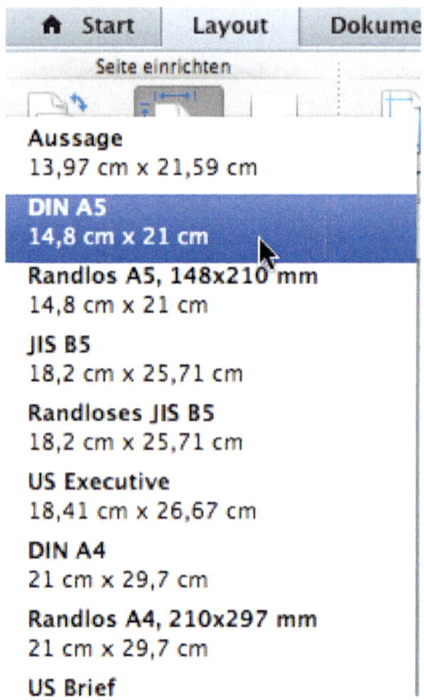

Seitenränder: In der zweiten Gruppe *Seitenränder* finden Sie Einstellmöglichkeiten für die Seitenränder, durch die der Satzspiegel Ihres Buches festgelegt wird.

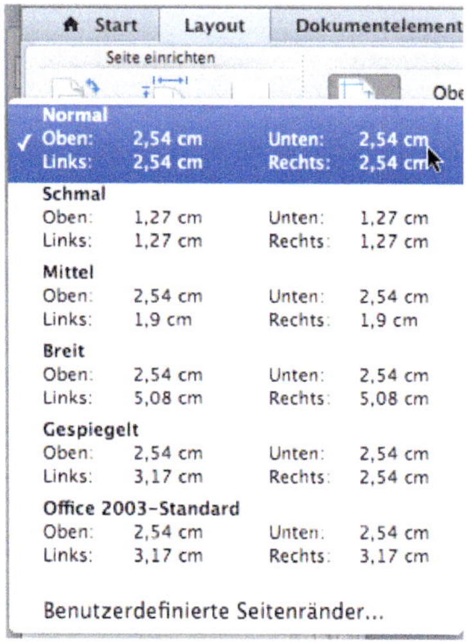

Nach einem Klick auf die Schaltfläche *Seitenränder* öffnet sich ein Fenster, in dem Sie verschiedene Vorschläge finden: Normal, schmal, mittel, breit, gespiegelt – probieren Sie einfach aus, welche Kombination Ihnen am besten gefällt.

Sie können die gewünschten Maße für die Seitenränder auch direkt in die Eingabefelder rechts neben der Schaltfläche *Seitenränder* eintragen.

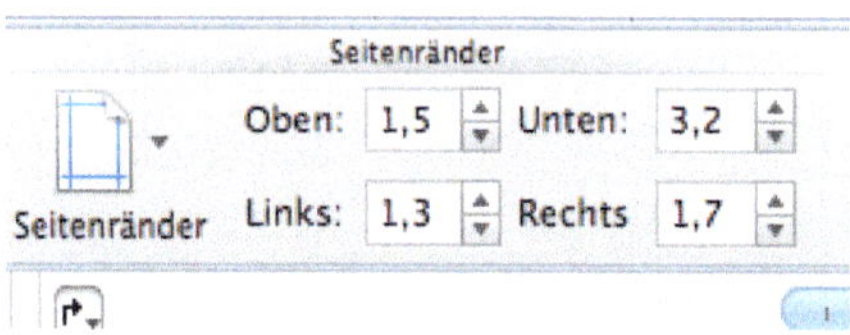

Über die Schaltfläche *Seitenränder* können Sie auf *Benutzerdefinierte Seitenränder* klicken. Es öffnet sich das Fenster *Dokument* (das Sie übrigens auch über das Menü *Format* in der *Word*-Menüleiste am oberen Bildschirmrand finden können). In diesem Fenster können Sie die Seitenränder und das Layout einrichten.

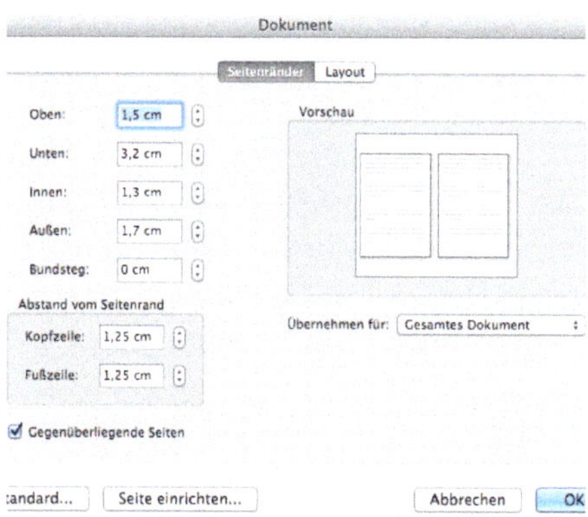

Den Bundsteg können Sie auf den Wert Null setzen. Klicken Sie *Gegenüberliegende Seiten* an, dann ist der äußere Rand auf der linken Seite links und auf der rechten Seite rechts – also wie gespiegelt.

Falls Sie nun ein spezielles Format, z. B. 12 x 19 cm wählen möchten, das nicht in dieser Liste der Seitengrößen steht, gelangen Sie über die Taste *Seite einrichten* in ein Fenster *Papierformat* – hier sind auch vorgefertigte Formate wählbar. Mit einem Klick auf *Eigene Papierformate* können Sie dann ein eigenes Format definieren.

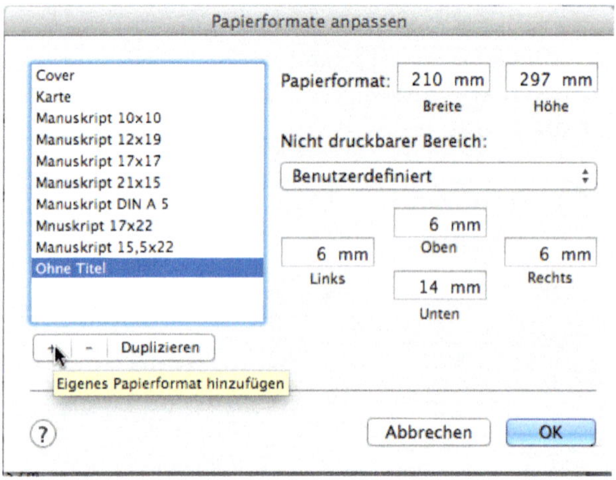

Mit einem Klick auf *Layout* gelangen Sie in ein weiteres Fenster mit Einstellmöglichkeiten. Falls Sie Kopf- oder Fußzeilen (oder Seitenzahlen in Kopf-/Fußzeile) verwenden, sollten Sie *untersch. gerade/ungerade Seiten* anklicken.

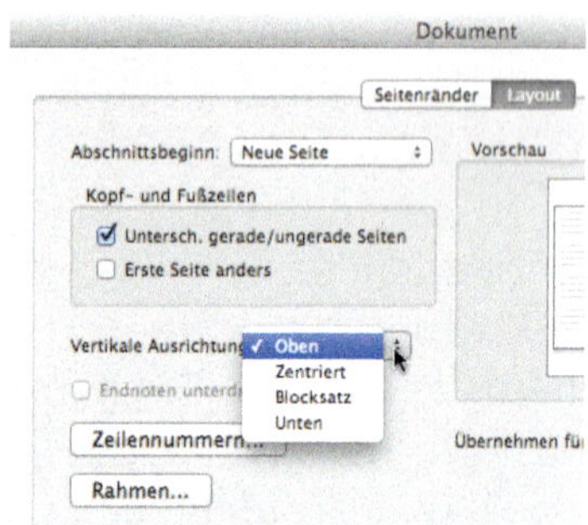

Im Auswahlmenü *Vertikale Ausrichtung* können Sie wählen zwischen *Oben, Zentriert, Blocksatz, Unten.* Diese Einstellung ermöglicht Ihnen, den Text im Buchmanuskript optimal anzuordnen.

oben

zentriert

unten

Blocksatz

In *Word 2013* gelangen Sie über die Schaltfläche *Seitenränder* nach einem Klick auf *Benutzerdefinierte Seitenränder* zu dem Fenster *Seite einrichten.* Nach einem Klick auf *Seitenränder bzw. Layout* können Sie alle notwendigen Einstellungen vornehmen.

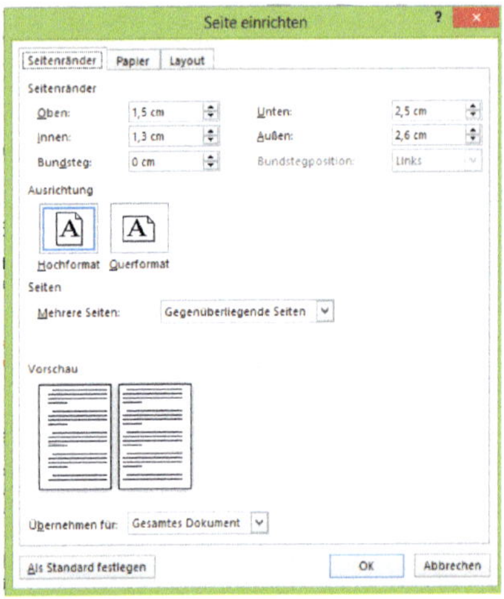

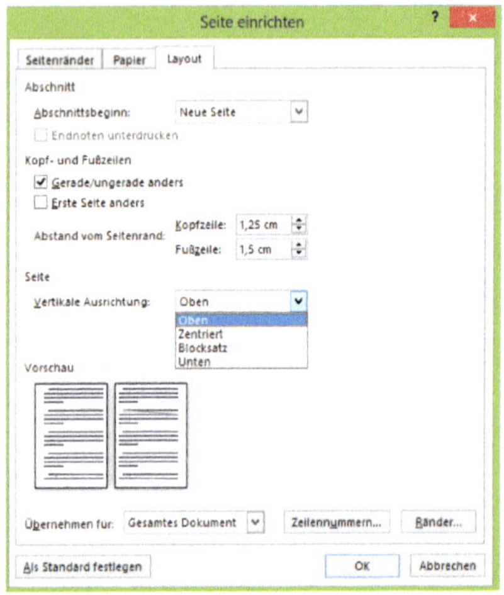

Neben dem Seitenformat und dem Satzspiegel beeinflussen auch die **Schriften** mit ihrer Größe und ihrer Art das Erscheinungsbild Ihres Textes. Wählen Sie passende Schriften für den Fließtext und die Überschriften. Ganz rechts auf der Registerkarte *Start* im Menüband finden Sie die Schaltfläche *Designs,* die Ihnen die Auswahl der Schriften und ggf. der Farben erleichtert.

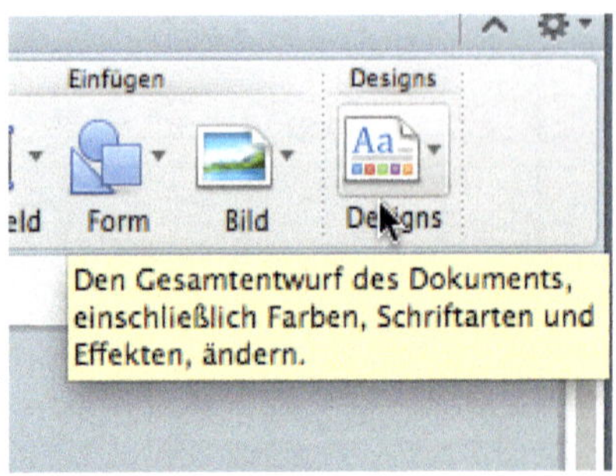

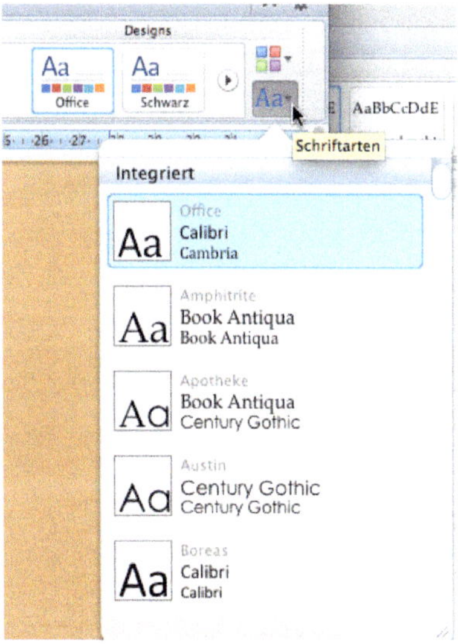

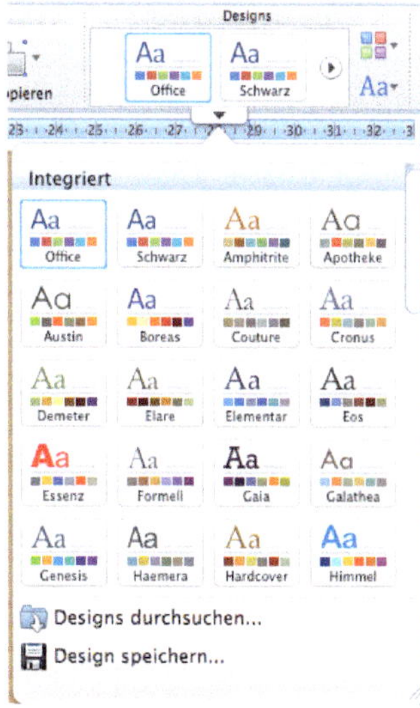

Gehen Sie dazu in die Ansicht *Veröffentlichungslayout* (über das Menü *Ansicht*). Hier können Sie Ihr eigenes Design erstellen, indem Sie Kombinationen von Farben oder Schriften auswählen.

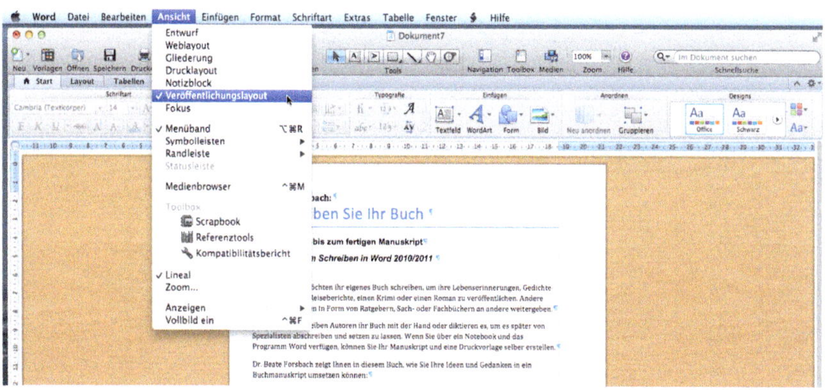

In *Word 2013* gibt es neue Gestaltungsmöglichkeiten für das Layout Ihres Manuskripts. Auf der Registerkarte *Entwurf* finden Sie eine große Auswahl von Designs mit Farbschema und Schriftart für Überschriften und Standardtext sowie Effekten für das Einfügen von grafischen Elementen. Zu jedem Design gehören Vorlagensätze, mit denen Sie die Gestaltung von Überschriften und Standardabsätzen variieren können.

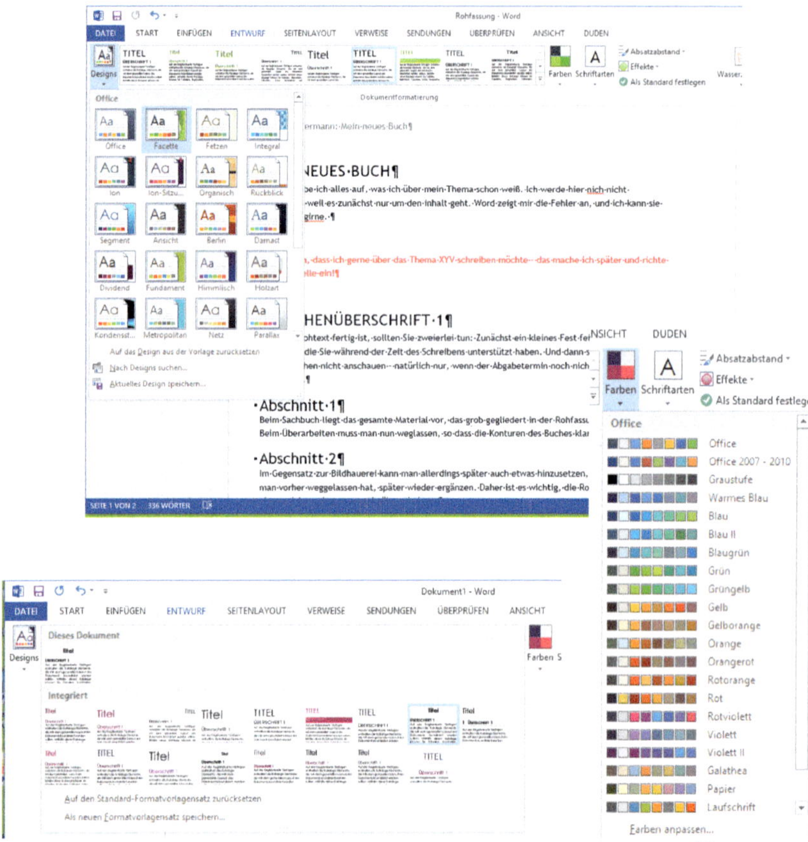

Das Layout Ihres Buches wird weiterhin bestimmt von den **weißen Flächen**. Neben den Seitenrändern entstehen diese Flächen durch Abstände, Platzierung und Größe der Bilder. Hier bietet *Word* Ihnen Vorlagen, mit denen Sie Ihr Buch gestalten können. Klicken Sie auf die Schaltfläche *Vorlagen*, es öffnet sich der *Word*-Dokumentenkatalog mit Vorlagen für Veröffentlichungen.

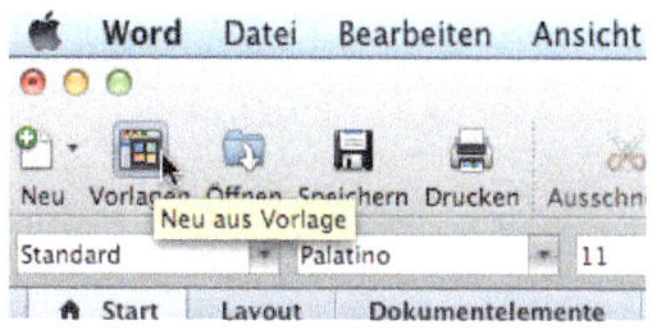

Wählen Sie die Vorlage *Tabloid-Broschüre wachsend* – Sie können in diesem Fenster ein anderes Farbschema und ein Schriftartschema auswählen. Nach einem Klick auf *Auswählen* öffnet sich das Fenster mit Ihrer Broschüre in den gewünschten Farben und Schriften.

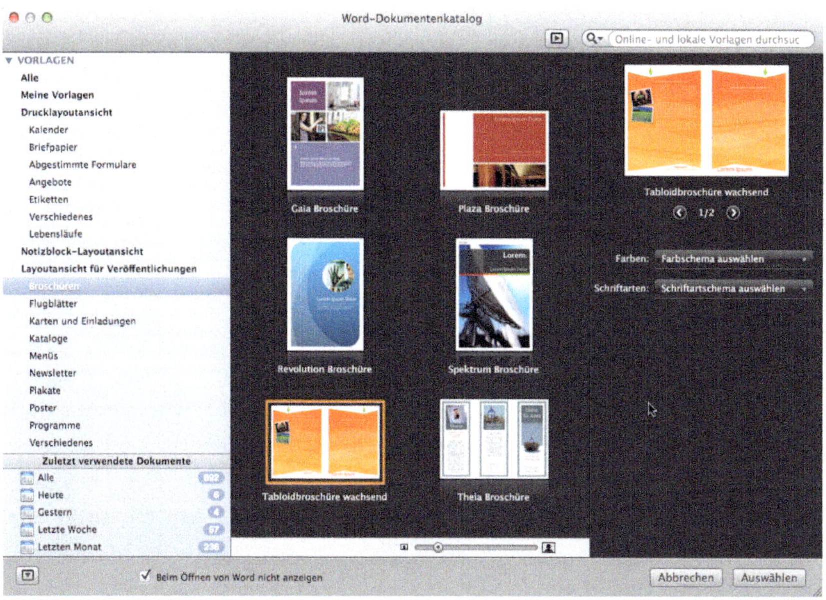

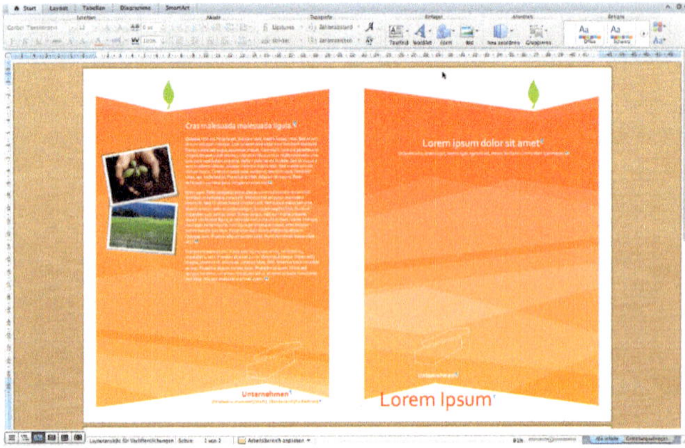

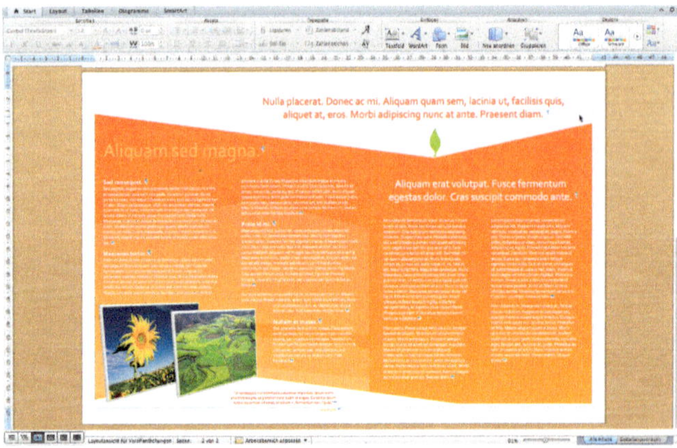

Hier sind Textblöcke und Bilder voreingestellt. Durch einen Klick auf den jeweiligen Rahmen können Sie diese Elemente aktivieren und durch eigenen Text oder eigene Bilder ersetzen. Die Vorlagen bieten Ihnen ein bestimmtes Layout, also eine Anordnung von Texten und Bildern auf der Seite, die Sie dann beliebig bearbeiten und verändern können.

In *Word 2013* finden Sie die Vorlagen mit Klick auf *Datei,* dann in der Backstage-Ansicht Klick auf *Neu.* Wählen Sie eine Vorlage per Klick aus und bearbeiten Sie sie weiter. Wenn Sie nicht das Richtige finden, können Sie online weiter suchen, z. B. nach Eingabe des Stichworts *Broschüre.*

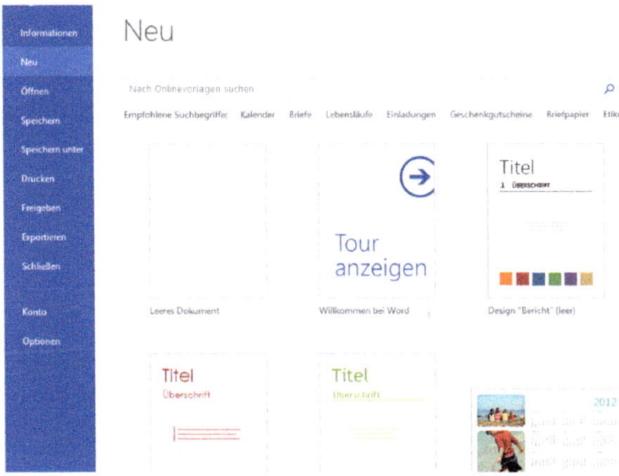

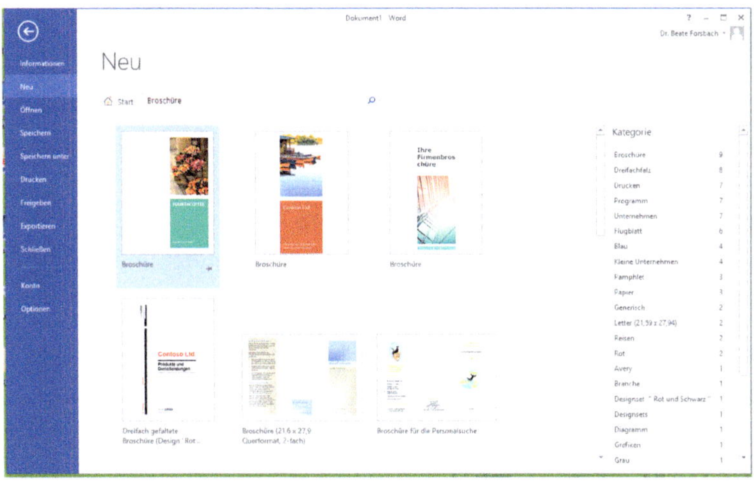

Schließlich ist das **Verhältnis von Text zu Bild** bestimmend für das Layout. Möchten Sie einen Bildband oder ein Buch nur mit Text erstellen? Soll Ihr Buch Abbildungen enthalten? Wenn ja, wie viele, in Farbe oder Grautönen? Sollen die Abbildungen in die Textseiten integriert werden oder soll es eigene Bildseiten im Buch geben?

Diese Fragen sollten Sie vor Beginn der Arbeit am Layout Ihres Buches beantworten. Wollen Sie Ihr Buch dann selber drucken lassen, sollten Sie sich möglichst rechtzeitig über die Möglichkeiten und Preise für verschiedene Formate und Farbdruck informieren.

Druckvorlage erstellen

Ist das Layout Ihres Buches fertig, können Sie direkt aus *Word* ein oder mehrere Exemplare drucken. Sehen Sie sich Ihr Buch zunächst in der Ansicht *Drucklayout* auf Ihrem Bildschirm an. Über das Fenster *Zoom* können Sie die Anzeige des Dokuments vergrößern oder verkleinern. Sie können eine ganze Seite oder auch zwei Seiten nebeneinander anzeigen.

Zum Drucken wählen Sie im Menü *Datei* den Befehl *Drucken* – es öffnet sich ein Fenster mit verschiedenen Einstellmöglichkeiten. Wählen Sie die Zahl der Exemplare und klicken Sie auf *Drucken*. Vorausgesetzt, Sie haben eine passende Papiergröße gewählt, erscheint das Layout auf dem Papier so, wie es auf Ihrem Computerbildschirm aussieht.

In der Regel werden Sie aber Ihr Manuskript in einer Druckerei drucken lassen. Damit Ihr Manuskript auf einem anderen Drucker genauso gedruckt wird, wie es auf Ihrem Computerbildschirm aussieht, müssen Sie es in eine PDF-Datei umwandeln.

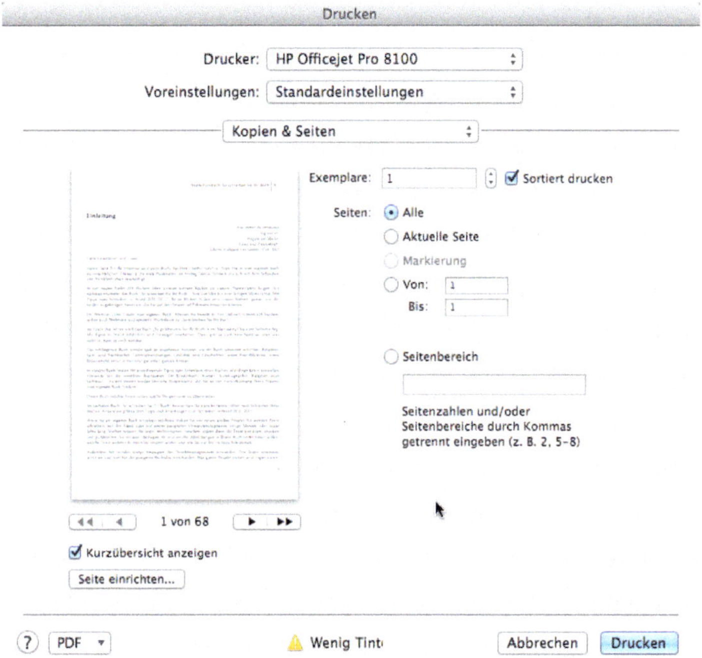

PDF bedeutet *Portable Document Format*, es ist ein Standardformat, in dem die Dokumente unabhängig von Computern und Betriebssystemen immer gleich aussehen. PDF-Dateien kann man mit dem kostenlosen *Adobe Acrobat Reader* lesen, den man unter www.adobe.de herunterladen kann.

Um PDF-Dateien zu erzeugen, gibt es mehrere Möglichkeiten. Die beste Qualitätsstufe für den professionellen Druck, die sogenannte *Druckausgabequalität*, erreichen Sie mit dem kostenpflichtigen Programm *Adobe Acrobat*. Manche Druckereien und Book-on-Demand-Anbieter bieten die kostenlose Umwandlung Ihrer Buchvorlage in eine druckfähige PDF-Datei an.

Sie können allerdings auch direkt aus dem Programm *Word* heraus PDF-Dateien erzeugen. Ob die Qualität dieser Dateien für Ihre Druckerei ausreichend ist, sollten Sie am besten mit dem Drucker besprechen. Klicken Sie im Menü *Datei* einfach auf *Drucken* und wählen Sie in dem sich öffnenden Fenster den Befehl *Als PDF sichern …*. Es öffnet sich ein Fenster *Sichern,* in dem Sie den Namen der Datei eingeben und einen Ort für die PDF-Datei wählen können.

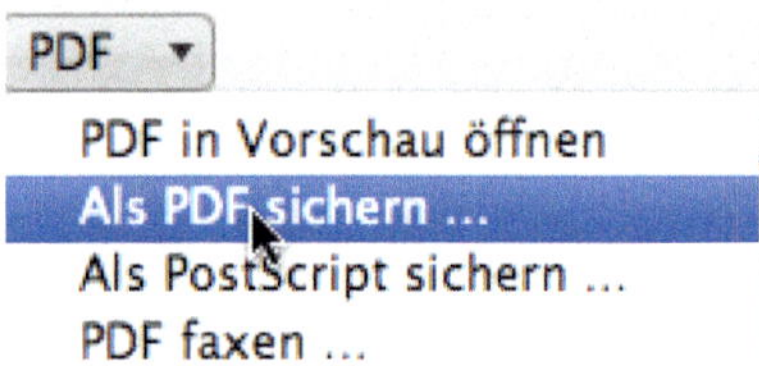

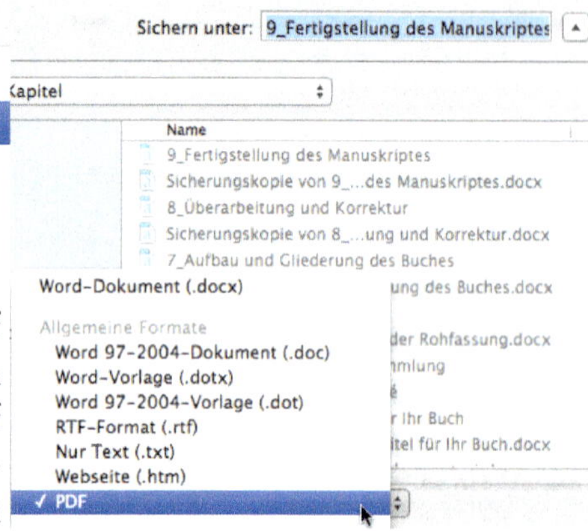

In *Word 2013* klicken Sie auf die Registerkarte *Datei,* dann auf *Exportieren* und dann auf die Schaltfläche *PDF/XPS-Dokument erstellen.* Es öffnet sich das Dialogfeld *Als PDF oder XPS veröffentlichen.*

Alternativ können Sie im Menü *Datei* auch direkt den Befehl *Speichern unter* wählen, in der Liste der Formate *PDF* anklicken und Ihre Datei mit einem Klick auf *Sichern* an der gewünschten Stelle speichern.

Wo können Sie Ihr Buch veröffentlichen?

Es gibt verschiedene Möglichkeiten, Ihr fertiges Buch zu veröffentlichen: in einem Verlag, im Selbstverlag, bei einem Book-on-Demand-Anbieter oder als E-Book.

Veröffentlichung in einem Verlag

Wenn Sie Ihr Buch in einem Verlag veröffentlichen, können Sie sich ganz aufs Schreiben konzentrieren und müssen sich nicht um Lektorat, Korrektorat, Layout kümmern. Der Verlag übernimmt für Sie die Herstellung des Buches und sorgt für den Vertrieb im Buchhandel.

Der Verlag legt den Titel Ihres Buches fest und nimmt über das Lektorat Einfluss auf den Inhalt. Er bestimmt in der Regel Ausstattung, Buchumschlag, Auflagenhöhe, Auslieferungstermin, Ladenpreis und Werbemaßnahmen. Das kann für Sie ein großer Vorteil sein, da der Verlag professionell vorgeht und auch die wirtschaftlichen Aspekte Ihres Buchprojektes berücksichtigt.

Die Veröffentlichung ist in der Regel für Sie kostenfrei. Die Konditionen im Verlagsvertrag können recht unterschiedlich sein, je nachdem, wie bekannt Sie als Autor oder als Spezialist für Ihr Thema bereits sind. Auch kommt es darauf an, wie groß die mögliche Zielgruppe für Ihr Buch ist. Manche Verlage bieten Vorschusshonorare, die bei Abgabe des Manuskripts ausgezahlt werden.

Es gibt Fachbuchverlage, bei denen Sie einen Druckkostenzuschuss zahlen müssen, z. B. wenn Sie Ihre Dissertation oder Ihre Examensarbeit veröffentlichen wollen. Auch bei Werken mit kleinerer Auflage (z. B. Gedichte, eigene Lebensgeschichte) und kleiner Zielgruppe kann der Verlag einen Druckkostenzuschuss verlangen.

Werbung für Ihr Buch müssen Sie in jedem Fall vor allem selber machen. Allerdings haben Verlage eine große Erfahrung in der Vermarktung von Büchern und können Sie wirkungsvoll unterstützen, z. B. bei der Veranstaltung von Lesungen.

Wie finde ich den passenden Verlag?

Bei der Suche nach einem Verlag können Sie so vorgehen:

Schauen Sie in einer guten Buchhandlung in das Regalfach, in dem ähnliche Bücher wie Ihres stehen. Notieren Sie sich die entsprechenden Verlage und schicken ihnen ein Exposé Ihres Buches.

Informieren Sie sich zuvor auf der Website des Verlages über das jeweilige Verlagsprogramm. Buchvorschläge, die nicht zum Verlagsprogramm passen, haben keine Chance, wahrgenommen zu werden.

Informieren Sie sich auch darüber, in welcher Form Manuskripte oder Exposés eingereicht werden können. Rufen Sie bitte möglichst nicht direkt im Verlag an!

Vollständige Manuskripte sind beim ersten Kontakt nicht erforderlich. Bei Sachbüchern ist ein vollständiges Manuskript eher hinderlich. Viele Verlage möchten bei Sachbüchern das Konzept mitgestalten, sie suchen Autoren für bestimmte Buch- oder Reihenkonzepte.

Informationen über Verlage und deren Programme finden Sie z. B. in dem *Deutschen Jahrbuch für Autoren* von Manfred Plinke und Gerhild Tieger.

Sehr empfehlenswert ist auch das *Handbuch für Erst-Autoren* von Manfred Plinke. Hier erfahren Sie, wie Sie Ihr Manuskript anbieten und den richtigen Verlag finden können. Es gibt Tipps und Checklisten, Vorschläge zum Begleitbrief und zur Manuskriptgestaltung.

Auf der Suche nach einem Verlag kann Ihnen eine Literaturagentur weiterhelfen. Ein Literaturagent ist oft ein erfahrender Autor, der sich mit dem Verlagswesen gut auskennt und weiß, welches Buch man in welchem Verlag mit Erfolg publizieren kann. Literaturagenten finden Sie über das Internet. Entsprechende Tipps finden Sie in den genannten Büchern.

Wenn das Thema Ihres Buches nicht in die Kategorien der großen Buchverlage passt, wenn Sie schon einige Absagen bekommen haben, oder wenn Sie Ihr Buch bald brauchen, dann können Sie es bei kleineren Verlagen versuchen. Auch diese haben ein thematisches Profil, sind aber meist flexibler, was die Kategorien der Bücher und die Dauer der Bearbeitung betrifft.

Während es in einem großen Verlag je einen Lektor für jede Kategorie gibt, finden Sie bei kleineren Verlagen oft interessierte Verleger oder Lektoren, die auch Bücher verlegen, die „zwischen“ die üblichen Kategorien fallen. So mancher Bestseller ist auf diese Weise schon geboren worden.

„Verlag sucht Autoren“

Dann gibt es noch eine Kategorie von Verlagen, die nach Autoren suchen: Das sind die sogenannten Druckkostenzuschussverlage (DKZ). Das bedeutet, Sie müssen etwas bezahlen, damit diese Verlage Ihr Buch veröffentlichen. Das kann ziemlich teuer werden, manche Erstautoren haben mehrere Tausend Euro bezahlt. Sie glaubten, dass andere ihr Buch kaufen, wenn es erschienen ist und eine ISBN hat.

Manche Verlage versprechen den Autoren, ihr Manuskript innerhalb weniger Tage zu lesen. Oft bekommt man dann ein positives Gutachten mit viel Lob und der Aussicht, dass das Buch Erfolg haben wird. So wird dann eine Erstauflage von 2500 Stück versprochen, an der sich der Autor finanziell beteiligen soll, z. B. durch den Kauf von 500 oder mehr Büchern.

Das Buch soll in das Verzeichnis lieferbarer Bücher aufgenommen und auf der nächsten Buchmesse vorgestellt werden. So mancher Erstautor ist daraufhin bereit, seine Ersparnisse für den großen Bucherfolg einzusetzen. Umso größer ist dann die Enttäuschung, wenn kein einziges Buch verkauft wird.

Auf der Buchmesse werden Bücher von unbekannten Autoren kaum wahrgenommen. Kleine Verlage können sich einen Messestand gar nicht leisten, es sei denn, die Autoren zahlen einen kräftigen Zuschuss zu den Druckkosten ihres Buches.

Wer sein Buch verkaufen möchte, muss dafür werben. Man kann das Konzept des Buches einem oder mehreren Verlagen vorstellen – der Verlag achtet darauf, ob sich das Buch verkaufen lässt. Ein Lektor entscheidet über die Annahme oder Ablehnung des Buches, natürlich spielen auch hier ganz subjektive Meinungen eine Rolle.

Mancher Bestseller ist schon bei Verlagen im Papierkorb gelandet, manches Buch eines unbekannten Autors wurde ein Bestseller – auch in einem kleinen, unbekannten Verlag.

Schauen Sie sich die Angebote dieser Verlage genau an und lesen Sie die Verträge. Als unerfahrener Autor sollten Sie nicht auf Lektorat und Layout verzichten.

Achten Sie darauf, welche Rechte Sie für welchen Zeitraum an den Verlag übertragen. Welche Kosten entstehen Ihnen, welches Honorar und wie viele Freiexemplare bekommen Sie, zu welchen Konditionen können Sie Bücher für den eigenen Bedarf erwerben? Wer bestimmt den Buchpreis, den Titel und die Ausstattung? Lassen Sie den Vertrag ggf. von einem Rechtsanwalt überprüfen, bevor Sie ihn unterschreiben.

Publikation im Selbstverlag oder bei einem Book-on-Demand-Anbieter

Sie können Sie Ihr Buch auf jeden Fall veröffentlichen, auch wenn Sie keinen Verlag finden sollten, der dazu bereit ist. Verlegen Sie Ihr Buch einfach selbst oder bei einem Book-on-Demand-Anbieter.

Im Selbstverlag müssen Sie alle Aufgaben beim Publizieren und Vermarkten übernehmen. Sie können für ca. 80 EUR eine einzige ISBN bei der ISBN-Agentur beantragen: MVB Marketing- und Verlagsservice des Buchhandels GmbH, Großer Hirschgraben 17-21, 60311 Frankfurt am Main. http://www.german-isbn.org.

Sie müssen Ihr Buch im VLB (Verzeichnis lieferbarer Bücher) anmelden (Kosten ca. EUR 80,-) und Pflichtexemplare an die Deutsche Nationalbibliothek schicken. http://www.vlb.de

Einfacher ist es, einen der zahlreichen Book-on-Demand-Anbieter wie *Books on Demand, Tredition, Shaker Media, epubli, ruckzuckbuch* oder *CreateSpace* bei *Amazon* zu wählen. Für geringe Kosten oder sogar kostenlos können Sie Ihr Buch dort publizieren und in den Buchhandel bringen. Außerdem gibt es – je nach Anbieter unterschiedlich – vielfältige Hilfen sowie kostenpflichtige Dienstleistungsangebote wie Lektorat oder Layout.

Ich habe mehrere Bücher für mich und andere Autoren bei BOD – Books on Demand in Norderstedt (www.bod.de) veröffentlicht. Das Konzept unterscheidet sich vom klassischen Verlagskonzept in einigen Punkten:

- Jeder Autor kann sein Buch dort veröffentlichen.
- Jedes Buch wird erst nach Bestelleingang produziert.
- Der Autor kann selber über alle Aspekte seines Buches entscheiden.
- Jeder kann sein Buch selber veröffentlichen ohne finanzielles Risiko.
- Der Autor wirkt aktiv beim Inhalt, bei der Gestaltung und der Vermarktung des Buches mit.
- Das Buch kommt als gedrucktes Buch in den Handel und ist im Internet und in jeder Buchhandlung erhältlich.
- Das Buch kann gleichzeitig als E-Book produziert werden und ist dann direkt bei *Amazon*, im *Apple iBook Store* und vielen anderen Internetbuchhandlungen erhältlich.

Publikation als E-Book

Schließlich können Sie Ihr Buch auch ohne große Kosten und Mühen als E-Book publizieren.

Bei *Kindle Direct Publishing (KDP)* beim Internetbuchhändler *Amazon* können Sie mit geringem Aufwand aus einer *Word*-Datei ein E-Book produzieren und direkt im Kindle-Shop zum Verkauf anbieten. Auf der Website https://kdp.amazon.com/self-publishing/signin gibt es ausführliche Erläuterungen zur Methode.

Ohne weiteren Aufwand können Sie Ihr E-Book über die Book-on-Demand-Anbieter veröffentlichen, ohne dass Sie sich um die verschiedenen E-Book-Formate kümmern müssen. Ihr Buch erscheint dann in vielen E-Book-Shops wie *Amazon Kindle Shop*, *Apple iBookstore* oder ebook.de.

Sie können Ihr E-Book auch ganz einfach als PDF-Datei auf Ihrer eigenen Homepage zum Download bereit stellen – das wird vielfach als altmodisch hingestellt, ist aber eine einfache Methode, ein E-Book zu erzeugen und anzubieten. Diese Methode eignet sich nur, wenn Sie viele Ihrer (möglichen) Kunden auf Ihre Homepage leiten können.

Weitere Informationen bekommen Sie in meinem Buch *So publizieren Sie Ihr Buch. Vom Manuskript bis zum Selbstverlag*, das in Kürze erscheint.

Ausblick

Nach diesem kurzen Überblick über die Möglichkeiten, Ihr Buch zu publizieren, sollten Sie nicht den Mut verlieren. Fangen Sie einfach erst einmal an, Ihr Buch zu schreiben. Und schreiben Sie es dann fertig! Dann finden Sie bestimmt auch eine Möglichkeit, es zu publizieren.

In Abwandlung des bekannten Mottos „Träume nicht Dein Leben – sondern lebe Deinen Traum" sagen Sie sich dann:

Träume nicht Dein Buch – schreibe und publiziere es!

Ich wünsche Ihnen dabei viel Freude und Erfolg!

Anhang

Kleines ABC des Bücherschreibens

Abbildungen Jedes Buch wird äußerlich attraktiver durch Abbildungen, aber nicht jedes Buch braucht Abbildungen. Überlegen Sie genau, ob und welche Abbildungen Sie veröffentlichen wollen. Sie müssen auf jeden Fall über die Rechte an dem Bild verfügen.

Autor kommt von Autorität – ein eigenes Buch ist die beste Werbung für Sie und Ihr Unternehmen. Es kann Ihren Ruf positiv verstärken. Wer ein Buch über eine Sache geschrieben hat, beweist, dass er Experte für ein Thema ist.

Belletristik umfasst unterhaltende Literatur wie Romane und Erzählungen, Biografien, Lyrik und Dramatik, Krimis, Science Fiction und Fantasy, Humor und Satire, Geschenkbücher und Anthologien verschiedener Textformen.

Bestseller Wenn ein Buch ein Bestseller ist, so bedeutet das: Es ist ein „meistverkauftes" Buch. Man kann das nur sagen, wenn man es mit dem Verkauf anderer Bücher vergleichen kann, z. B. in Bestsellerlisten der Zeitschriften. Es gibt die Auffassung, dass ein Buch erst dann als Bestseller bezeichnet werden darf, wenn mindestens 100000 Exemplare verkauft worden sind. In den Bestsellerlisten werden aber in der Regel keine Grenzen festgelegt. So kann auch ein Autor oder ein kleiner Verlag einen „Bestseller" im Programm haben – das ist dann einfach der erfolgreichste Titel.

BoD ist die Abkürzung für **B**ook-**o**n-**D**emand, auch als Print-on-Demand (PoD) bezeichnet. Es handelt sich um ein seit den

1990er Jahren gebräuchliches Produktionsverfahren für Bücher, die jeweils erst auf Bestellung (on Demand) gedruckt werden. Die Druckvorlage liegt in elektronischer Form vor, meist als PDF-Datei, das Buch kann mit Hilfe der Digitaldrucktechnik in kürzester Zeit gedruckt und ausgeliefert werden. Bekanntester und größter Anbieter ist BOD in Norderstedt.

Buchblock Der Buchblock besteht aus den bedruckten Blättern eines Buches, die bei der Buchherstellung geklebt oder geheftet werden. Für die Druckerei wird eine PDF-Datei für den Buchblock erstellt, eine andere für das Buchcover.

Computer Auch heutzutage werden Bücher noch mit der Hand geschrieben. Jedoch muss sie dann jemand in einer Textverarbeitung am Computer in eine digitale Form bringen, damit das Buch später gedruckt werden kann. Am Computer kann man auch die Bilder bearbeiten und das Layout des Buches gestalten. Wer die entsprechende Software besitzt, kann sein Buch von der ersten Idee bis zur Publikation am Computer herstellen.

Copyright Das entspricht dem deutschen Begriff Urheberrecht. Ein Copyright-Vermerk deutet darauf hin, dass Bilder, Sprüche, Gedichte und ganze Texte urheberrechtlich geschützt sind. Sie dürfen Materialien mit einem fremden Copyright nur mit Zustimmung der Urheber in Ihrem Buch verwenden.

Cover Damit ist der Buchumschlag gemeint. Man unterscheidet Softcover, auch Paperback genannt, also einen flexiblen Buchumschlag, und Hardcover, das ist ein fester Buchumschlag aus Karton. Manchmal gibt es Leinen- oder Lederüberzüge, oder auch zusätzliche Schutzumschläge für das Buch.

Druckvorlage Die Druckvorlage Ihres Buches besteht meistens aus zwei Dateien: Dem Buchblock und dem Cover. Die Dateien sind in der Regel PDF-Dateien in hochwertiger Qualität, die man mit kostenlosen Programmen nicht unbedingt erzeugen kann. Layoutprogramme wie *Adobe Indesign* bieten die Möglichkeit, eine druckfertige PDF-Datei zu erzeugen.

Erfolg Das ist eine subjektive Angelegenheit. Für den einen Autor bedeutet Erfolg, sein Buch endlich fertig geschrieben zu haben und ein gedrucktes Exemplar zu besitzen. Ein anderer definiert Erfolg über die Verkaufszahlen seines Buches, oder aber über die Rückmeldungen der Leser, in Form von Zuschriften und positiven Rezensionen. Erfolg kann auch an den Einnahmen aus dem Buchverkauf gemessen werden. Am besten definieren Sie für sich selber, was Ihnen Erfolg mit Ihrem Buch bedeutet.

Exposé Ein Exposé ist eine Art Kurzwerbetext für Ihr Buchprojekt, im engeren Sinne eine konzentrierte Darstellung des Inhalts. Daraus können später der Klappentext des Buches sowie Werbetexte und Pressemitteilungen entstehen. Ein ausführliches Exposé enthält neben den Angaben zum Buch (Inhalt, Umfang, Abgabetermin) auch Angaben zum Profil des Autors, zur Zielgruppe, zu Verkaufsargumenten, zu Konkurrenztiteln und zum Marketing.

Fachbuch Ein Fachbuch wendet sich an Fachleute, hier soll Wissen über ein Thema vermittelt werden.

Fahne Mit *Fahne* bzw. *Druckfahne* bezeichnet man den Papierausdruck des fertig gesetzten Buches. Hier werden vor dem endgültigen Druck letzte Korrekturen durch Autor und Lektor angebracht.

Flow Das völlige Vertiefen und das Aufgehen in einer Tätigkeit, auch beim Schreiben, kann angenehme Gefühlszustände bewirken, die der Psychologe Mihaly Csikszentmihalyi als *flow* bezeichnet. Es ist eine Art Schaffensrausch, in den man gerät – man vergisst alles anderes, die Zeit, die Umstände, einfach alles. Man schreibt nur noch und fühlt sich gut dabei.

Fotos Heutzutage kann man Fotos einfach in Büchern veröffentlichen. Entweder liegen die Fotos bereits als Datei, also in digitaler Form vor. Oder das ausgedruckte Foto wird mit Hilfe eines Scanners digitalisiert, um in die Buchdatei integriert zu werden. Falls Sie eigene Fotos verwenden möchten, achten Sie bitte auf eine größtmögliche Auflösung beim Fotografieren bzw. Einscannen.

Glück Fast jeder Autor empfindet großes Glück, wenn er ein eigenes Buch geschrieben hat. Manch einer empfindet bereits Glück, nur weil er schreiben kann. Und dann gibt es noch ein paar „Verrückte", die vom Glück des Büchermachens berichten. Dazu gehört auch die Autorin dieses Buches, die ihren „Traumberuf" als Verlegerin gefunden hat.

Grafik ist ein Sammelbegriff für alle künstlerischen und technischen Zeichnungen. Auch die besondere Gestaltung von Schrift in einem Buch kann als Grafik bezeichnet werden. Um Grafiken in ein Buch aufzunehmen und zu bearbeiten, benötigt man in der Regel eine spezielle Software. Es gibt z. B. Bildbearbeitungsprogramme wie *Adobe Photoshop*, Malprogramme wie *Corel Painter* und spezielle Vektorgrafikprogramme wie *Adobe Illustrator* oder *Corel Draw*.

Hörbuch Ein Hörbuch kann zu jedem Buch produziert werden, das man vorlesen kann. Also nicht unbedingt zu einem Bildband oder einem mathematischen Fachbuch. Besonders attraktiv sind Hörbücher, wenn sie vom Buchautor selber gesprochen werden. Hörbücher können auf CD oder DVD weiter gegeben werden, in der Regel jedoch als Download von mp3- oder mp4-Dateien, die man auf gängigen Playern und jedem Computer abspielen kann.

Idee Jedem Buch liegt eine Idee zugrunde. Der Autor hatte sie irgendwann und hat lange darüber nachgedacht. Die Idee ist in einem immateriellen Zustand. Sobald der Autor aus seiner Idee ein Buch macht, wird die Idee in einen materiellen Zustand umgewandelt und kann an andere Menschen weitergegeben werden. Im besten Falle entsteht daraus eine Kommunikation über die Idee.

ISBN ist die Abkürzung für **I**nternationale **S**tandard-**B**uch-**N**ummer. Sie dient zur eindeutigen Kennzeichnung von Büchern und anderen selbstständigen Veröffentlichungen. ISBN werden vor allem im Buchhandel verwendet, sie sind im VLB, im Verzeichnis lieferbarer Bücher gelistet.

Jahr Die Jahreszahl hinter der Angabe eines Verlages bzw. des Verlagsortes bezeichnet das Jahr des ersten Erscheinens eines Buches. Bei mehreren Auflagen zählt die jeweils letzte Jahreszahl als aktuell, manchmal wird das durch eine hochgestellte Ziffer vor der Jahreszahl angedeutet: ^{3}1990 bedeutet, dass die dritte Auflage des Buches im Jahr 1990 erschienen ist.

Journal Während der Arbeit an einem Buch kann man ein Journal führen, eine Art Tagebuch nur für das jeweilige Buch. Darin werden Gedanken, Ideen, Notizen, Skizzen, Anmerkungen zu Schreibproblemen und zum Fortschritt des Schreibens und vieles mehr festgehalten. Da Journal endet mit dem Erscheinen des Buches, oder es wird fortgesetzt mit Anmerkungen über die Wirkung des Buches, über Lesermeinungen, Rezensionen, Verkaufserfolge, Lesungen und vieles mehr.

JPG oder auch JPEG (benannt nach der **J**oint **P**hotographic **E**xperts **G**roup, die das Format entwickelt hat) ist ein Dateiformat, das vor allem für Fotos verwendet wird.

Kapitel Jedes Buch sollte in Kapitel eingeteilt werden, damit sich der Leser besser orientieren kann. Bei sehr langen Kapiteln ist eine Untergliederung in Unterkapitel oder kleinere Abschnitte sinnvoll. Überschriften auf mehreren Ebenen leiten den Leser und helfen ihm, das Buch zu „überfliegen", um das zu finden, was ihn gerade interessiert.

Klappentext Der Klappentext gehört mit Titel, Untertitel und Cover zu den wichtigsten Verkaufsargumenten für ein Buch. Der Klappentext soll über das Buch informieren und zum Kauf anregen, ohne den Inhalt in allen Einzelheiten zu verraten.

Konzept Jedes Buchprojekt braucht ein Konzept – das ist ein Plan, ein Programm für das Buch, eine Sammlung von Gedanken, die das Projekt bestimmen.

Korrektur Hier geht es um die Korrekturen von Rechtschreibung, Zeichensetzung und Grammatik des Textes. Man kann sein Buchmanuskript an ein Korrektorat geben oder eine Software verwenden. Wenn man einen Lektor beauftragt, sind die Korrekturen in der Regel inbegriffen.

Layout bedeutet die Gestaltung des Buches, es geht um das Gesamterscheinungsbild mit Text und Abbildungen.

Leerzeichen sind die Zwischenräume zwischen den Worten, sie können unterschiedlich groß sein, je nach Schriftart und Satz. Im Blocksatz variieren die Zwischenräume, bei Schreibmaschinenschrift sind sie konstant. Achten Sie beim Schreiben Ihres Manuskripts darauf, dass Sie die Leertaste nicht doppelt betätigen.

Lektorat Im Lektorat werden Texte inhaltlich und sprachlich überarbeitet, in der Regel ist das Korrekturlesen („Korrektorat") inbegriffen.

Lesung Eine Lesung ist in der Regel eine Autorenlesung bei einer Buchvorstellung. Lesungen werden von Buchhandlungen, Bibliotheken, Cafés oder anderen Kulturräumen veranstaltet. Der Autor berichtet etwas zur Entstehung seines Buches und liest aus seinem Buch. Anschließend können die Zuhörer das Buch kaufen und sich ein Autogramm oder eine Widmung vom Autor geben lassen.

Manuskript Unter Manuskript verstand man ursprünglich handgeschriebene Bücher. Heute bezeichnet man die meist am Computer geschriebenen Druckvorlagen als Manuskript.

Nationalbibliothek In der deutschen Nationalbibliothek mit ihren Standorten in Leipzig und Frankfurt am Main werden alle deutschsprachigen Bücher archiviert. Jeder Autor bzw. Verlag ist verpflichtet, zwei Exemplare eines neuen Buches dorthin zu schicken. Ein weiteres Exemplar wird an die jeweilige Landesbibliothek geschickt.

Normseite Als man früher mit der Schreibmaschine schrieb, gab es für jeden Buchstaben und jedes Leerzeichen gleich viel Platz. Es passten in der Regel 30 Anschläge in eine Zeile, und 60 Zeilen auf ein DIN-A4-Blatt. Daraus ist die *Normseite* mit 30 x 60 = 1800 Zeichen geworden. Dabei werden allerdings halb volle Zeilen und Seiten sowie die Formatierung von Dialogen nicht berücksichtigt. Daher wurde von der VG Wort eine Normseite vereinfacht als Normseite mit 1500 Anschlägen festgelegt.

Orthografie Mit Orthografie bzw. Orthographie ist die Rechtschreibung gemeint, also die allgemein übliche Schreibweise der

Worte in der deutschen Sprache. In Ihrem veröffentlichten Buch sollten möglichst keine Fehler in der Orthografie vorkommen.

PDF bedeutet **P**ortable **D**ocument **F**ormat und meint ein plattformunabhängiges Dateiformat für Dokumente, d. h. jedes Schriftstück im PDF-Format sieht auf jedem Computer und beim Ausdruck auf jedem Drucker gleich aus.

PoD ist die Abkürzung für **P**rint-**o**n-**D**emand, siehe auch BoD.

Presse Versuchen Sie, die lokale Presse für Ihr Buch zu interessieren. Das kann eine Ankündigung und kurze Vorstellung des neuen Buches sein, ein größerer Artikel über das gesamte Buchprojekt, oder auch ein Bericht über die Buchvorstellung mit Lesung. Solche Presseberichte wirken sich meist positiv auf den Buchverkauf aus.

Quelle Geben Sie für Zitate aus anderen Texten die Quellen genau an, nennen Sie dazu die bibliographischen Angaben des Buches, aus dem das Zitat stammt, mit genauer Seitenzahl. Für Abbildungen und Ganzzitate von Texten genügt die Angabe der Quelle nicht, hier müssen Sie das Copyright angeben.

Ratgeber Ein Ratgeber wendet sich an Leser, die eine Lösung für ein Problem suchen. Hier kann man zeigen, wie man etwas macht.

Rezension Mit Rezension ist meist eine schriftliche Buchbesprechung im Internet oder in einer Zeitschrift gemeint. Eine gute Rezension besteht aus Beschreibung, Analyse und Bewertung des Buches.

Sachbuch Ein Sachbuch wendet sich an interessierte Leser, man schreibt über ein Thema, eine Sache.

Schriftsteller Während ein Autor jeder ist, der einen Text jeglicher Art veröffentlicht hat, meint man mit der Bezeichnung Schriftsteller einen Verfasser literarischer Texte. Welche Schriften einen literarischen Anspruch erheben, ist jedoch nicht klar definiert. Auch kann ein Schriftsteller nicht eindeutig von einem Publizisten oder einem Dichter unterschieden werden. Aber jeder, der schreibt, ist ein Autor.

Text Ein Text ist eine abgegrenzte, zusammenhängende sprachliche Äußerung, die in der Regel schriftlich festgehalten wird.

Tif oder auch tiff (**T**agged **I**mage **F**ile **F**ormat) ist ein Dateiformat, das vor allem für Bilder verwendet wird. Beim Buchdruck wird es dem JPG-Format vorgezogen.

Unterhaltung Viele Bücher der Belletristik dienen der Unterhaltung. Heutzutage werden auch Sachbücher und Ratgeber zunehmend in einem unterhaltsamen, aber informativen Stil geschrieben.

Verlag Ein Verlag ist ein Unternehmen, das Medien wie Bücher, Musik, DVDs, Software usw. vervielfältigt und verbreitet. Die Medien werden vom Verlag selber oder über den entsprechenden Handel verkauft.

Vermarktung – auch als Marketing oder Direktvertrieb bezeichnet, meint die Verwertung, d. h. den Verkauf von Büchern am Markt.

Veröffentlichung Unter Publikation oder Veröffentlichung versteht man das öffentliche Verfügbarmachen eines Buches.

Vertrieb Mit Vertrieb sind Unternehmen bzw. Systeme gemeint, die ein Buch für Endverbraucher, also vor allem für den Leser, verfügbar machen.

VG Wort Die Verwertungsgesellschaft Wort (VG Wort) ist ein rechtsfähiger Verein, in dem sich Autoren und Verlage zur gemeinsamen Verwertung von Urheberrechten zusammengeschlossen haben. Die VG Wort sorgt vor allem dafür, eine angemessene Vergütung der Autoren und Verlage sicherzustellen und Geld von denjenigen zu kassieren, die das geistige Eigentum anderer nutzen. http://www.vgwort.de/

VLB Das Verzeichnis lieferbarer Bücher (VLB) ist ein Katalog des deutschen Buchhandels. Es verzeichnet alle lieferbaren Titel, die in Verlagen oder im Selbstverlag erschienen sind. Nicht mehr lieferbare Titel werden wieder aus dem Verzeichnis entfernt.

Word ist ein Textverarbeitungsprogramm der Firma *Microsoft*. Es ist Teil der *Office*-Suite, wird aber auch als selbstständiges Programm verkauft. Es ist seit 1983 auf dem Markt und heute das meistverwendete Textverarbeitungsprogramm der Welt.

Wort Jedes Buch besteht aus vielen Worten, jeder Autor schreibt Worte, um sein Manuskript zu erstellen.

X-beliebig sollte weder der Buchtitel noch die Wahl des Verlages sein.

Ypsilon kommt leider in Buchtiteln nicht vor.

Zitat Ein Zitat ist die wörtliche Wiedergabe eines fremden Textes. Es muss genau abgeschrieben werden, selbst wenn Fehler darin sein sollten. Das Zitat muss im eigenen Text erkennbar sein, meist wird es in Anführungszeichen gesetzt. Die Quelle des Zitats ist möglichst genau anzugeben.

Auswahlbibliographie

Asgodom, Sabine: *So coache ich. 25 überraschende Impulse, mit denen Sie erfolgreicher werden*. Kösel Verlag, München 2012

Begemann, Petra: *30 Minuten – Das eigene Sachbuch*. Gabal Verlag, Offenbach 2012

Berling, Carla: *Vom Kämpfen und vom Schreiben. Tagebuch eines Romans*. Kulturmaschinen Verlag, Berlin 2011

Brande, Dorothea: *Schriftsteller werden. Der Klassiker über das Schreiben und die Entwicklung zum Schriftsteller*. Dritte Aufl., Autorenhaus Verlag, Berlin 2009. Die amerikanische Originalausgabe erschien 1934.

Diehm, Susanne; Firnkes, Michael: *Die Macht der Worte. Schreiben als Beruf*. Mitp, Verlagsgruppe Hüthig Jehle Rehm GmbH, Heidelberg 2013

Englert, Sylvia: *Autoren-Handbuch. So finden Sie einen Verlag für Ihr Buch – Schritt für Schritt zur eigenen Veröffentlichung*. 7. aktualis. und erw. Auflage. Autorenhaus Verlag, Berlin 2012

Forsbach, Beate: *Der Traum vom eigenen Buch. Wie Sie ihn verwirklichen können*. Edition Forsbach, 4. Aufl., Fehmarn 2016

Forsbach, Beate: *InDesign CC für Self-Publisher. Schritt für Schritt zum fertigen Layout*. Edition Forsbach, Fehmarn 2015

Forsbach, Beate: *So publizieren Sie Ihr Buch. Vom Manuskript bis zum Selbstverlag*. Edition Forsbach, Fehmarn 2015

Forsbach, Beate: *Word 2016(Word 2016 (Mac) für Buchautoren. Schritt für Schritt zum fertigen Manuskript*. Edition Forsbach, Fehmarn 2017

Forsbach, Beate: *Bücher schreiben mit Herz. Mit Deinem Buch zum Expertenstatus*. (2016) Überarb. Neuausgabe, Edition Forsbach, Fehmarn 2017

Forsbach, Beate: *Wissenschaftliches Arbeiten am Mac in Schule, Studium und Promotion mit Anleitungen zu Word 2011 und anderen hilfreichen Programmen.* Mandl & Schwarz-Verlag, Husum 2011

Forsbach, Beate: *Wissenschaftliche Arbeiten und Bücher schreiben am Mac. Von der Idee bis zur Publikation – (auch) für Self-Publisher. Mit Anleitungen zu Word 2016 und anderen Programmen.* Edition Forsbach, Fehmarn 2018

George, Elizabeth: *Wort für Wort oder Die Kunst, ein gutes Buch zu schreiben.* 4. Aufl., Goldmann Verlag, München 2004

Gorus, Oliver: *Erfolgreich als Sachbuchautor. Von der Buchidee bis zur Vermarktung.* 2., völlig überarb. Neuaufl., Gabal Verlag, Offenbach 2011

Gottschling, Stefan: *Einfach besser schreiben. Texte optimieren mit System: Die Redigiertafel.* SGV Verlag, Augsburg 2012

Heinold, Wolfgang Ehrhardt; Bock, Martin Julius; Lutz, Peter: *Traumziel Buch und wie Sie es erreichen. In 24 Trainingsstunden fit für Verlage und Verträge! Ein Workout für Autorinnen und Autoren.* Uschtrin Verlag, München 2012

Jones, Danell: *Der Virginia Wolf Writer' Workshop. In sieben Lektionen.* Autorenhaus Verlag, Berlin 2008

Lamott, Anne: Bird by Bird. *Wort für Wort. Anleitungen zum Schreiben und Leben als Schriftsteller.* Autorenhaus Verlag, Berlin 2004

Müller, Jürgen: *So schreiben Sie mühelos ein tolles dickes Buch. Creative Writing.* Books on Demand, Norderstedt 2009

Pahlke, Heinz W.: *Buchsatz für Autoren. Vom Manuskript zum Buch mit Publishing on Demand.* Shaker Media, Aachen 2008

Plinke, Manfred; Tieger, Gerhild (Hg.): *Deutsches Jahrbuch für Autoren/Autorinnen 2010/2011: Schreiben und Veröffentlichen. Aktuell recherchierte Adressen und Informationen über den Literaturbetrieb und Medienmarkt. Branchenhandbuch.* Autorenhaus Verlag, Berlin 2009

Plinke, Manfred: *Handbuch für Erst-Autoren. Wie ich mein Manuskript anbiete und den richtigen Verlag finde. Tipps & Checklisten, Verlage & Agenturen, Begleitbrief & Manuskriptgestaltung*. 7., überarb. Auflage, Autorenhaus Verlag, Berlin 2010

Plinke, Manfred: *Mini-Verlag: Selbst ist der Verlag! E-Book, Book on Demand, Verlagsgründung, Buchherstellung, Buchmarketing, Buchhandel, Direktvertrieb*. 8. bearb. u. erg. Aufl., Autorenhaus Verlag, Berlin 2012

Reinhardt, Klaus: *Vom Wissen zum Buch. Fach- und Sachbücher schreiben*. Huber Verlag, Bern 2008

Scheuermann, Ulrike: *Die Schreibfitness-Mappe. 60 Checklisten, Beispiele und Übungen für alle, die beruflich schreiben*. Linde Verlag, Wien 2011

Scheuermann, Ulrike: *Schreibdenken. Schreiben als Denk- und Lernwerkzeug nutzen und vermitteln*. Verlag Barbara Budrich, Opladen & Toronto 2012

Scheuermann, Ulrike: *Wer reden kann, macht Eindruck – wer schreiben kann, macht Karriere. Das Schreibfitnessprogramm für mehr Erfolg im Job*. Linde Verlag, Wien 2009

Schneider, Wolf: *Deutsch für junge Profis. Wie man gut und lebendig schreibt*. Rowohlt Verlag, Berlin 2010

Schneider, Wolf: *Deutsch für Kenner. Die neue Stilkunde*. Piper Verlag, München 2005

Schneider, Wolf: *Deutsch fürs Leben. Was die Schule zu lehren vergaß*. Rowohlt Taschenbuch Verlag, Reinbek 1994

Stein, Sol: *Über das Schreiben*. 3. Aufl., Zweitausendeins, Frankfurt am Mai 1998

Thomas, Carmen: *Erfolgreich Ideen finden*. Midena Verlag, München 2000

Hilfreiche Internetadressen

Autorenhaus Verlag

www.autorenhaus-verlag.de/

Autoren-Magazin vom Autorenhaus Verlag:
www.autoren-magazin.de

Bilddatenbänke

Pixelio ist eine kostenlose Datenbank für lizenzfreie Fotos:
www.pixelio.de/

Bei Fotolia gibt es lizenzfreie Fotos, Videos und Vektorgrafiken:
de.fotolia.com/

Bei Clipdealer gibt es lizenzfreie Fotos, Videos, Audios und Illustrationen: de.clipdealer.com

Book-on-demand-Anbieter

BoD – Books on Demand: www.bod.de

Tredition – Bücher veröffentlichen, Print on Demand:
www.tredition.de/

CEWE-Fotobuch: www.cewe-fotobuch.de

Bücher online lesen und veröffentlichen: www.Bookrix.de

Offenes Presseportal

www.openpr.de/

Dr. Beate Forsbach

Persönliche Homepage: www.beateforsbach.de

Edition Forsbach: www.edition-forsbach.de

Internetbuchhändler Amazon

Bücher veröffentlichen: www.createspace.com

Kindle Direct Publishing:
kdp.amazon.com/self-publishing/signin

MVB Marketing- und Verlagsservice des Buchhandels GmbH

www.mvb-online.de

Agentur für Buchmarktstandards:
www.german-isbn.org

Verzeichnis lieferbarer Bücher:
www.vlb.de

VLB für Internetnutzer:
www.buchhandel.de

VG Wort
www.vgwort.de/

Zur Autorin

Dr. phil. Beate Forsbach, geb. 20. Mai 1952 in Weddinghusen/ Norderdithmarschen, lebt mit der Berner Sennenhündin Senta in der Weltkulturerbestadt Bamberg.

Sie schreibt und publiziert seit über 30 Jahren mit großer Leidenschaft. Sie ist Autorin von bislang 24 Büchern, mit denen sie das Leben für die Leser etwas besser machen möchte.

In den letzten 10 Jahren hat sie mehr als 500 Autoren und angehende Autoren begleitet, ihre Sichtbarkeit und ihren Expertenstatus durch ein Buch deutlich zu steigern.

Selbstständige, Coaches, Trainer, Ärzte, Therapeuten und andere Unternehmer sind mit Spaß und Leichtigkeit gemeinsam mit ihr ihren *Weg des Erfolgs mit Herz* gegangen, um ihr erstes, fünftes oder 20. Buch zu schreiben, zu veröffentlichen und zu vermarkten.

Durch ihr exklusives 1:1-Mentoring-Programm, ihr Teamwriting-Angebot und ihr Onlineprogramm schaffen es ihre Kunden, ihren Traum vom eigenen Buch zu verwirklichen.

Unter dem Motto *Bücher mit Herz* produziert sie in ihrem eigenen Verlag, der Edition Forsbach in Bamberg, Bücher mit positiven Gedanken für ein positives, gelingendes Leben.

Kontakt:

Dr. Beate Forsbach
Küchelstraße 9
96047 Bamberg

Telefon: +49 951 96439936
info@beateforsbach.de

Persönliche Homepage: www.beateforsbach.de
Edition Forsbach: www.edition-forsbach.de

Danke

Dieses Buch verdankt anderen Menschen sehr viel.

Ich danke meinen Buch-Coaching-Kunden und den Teilnehmern an den Seminaren und Workshops für ihr Vertrauen und die vielen Impulse, die mein Manuskript wachsen ließen. Die Begeisterung der Seminarteilnehmer beflügelte mich, dieses Buch zu schreiben.

Ich danke auch den Autoren meines Verlages. In der Zusammenarbeit mit ihnen erfahre ich immer wieder, wie wichtig es ist, einige Anhaltspunkte für das Schreiben eines Buches und die Verwendung des Programms *Word* zu kennen. Die Freude jedes Autors, wenn er seinen „Traum vom eigenen Buch" verwirklicht hat und das eigene Buch in den Händen hält, ist mir immer wieder ein großer Ansporn.

Igor Strawinsky hat einmal gesagt: „Wer mich eines Widerstands beraubt, beraubt mich einer Kraft". Und so danke ich all den Verlegern, Herausgebern und Lektoren für ihre Anstöße, die mich herausgefordert haben, es selber zu versuchen – als Autorin, Coach, Lektorin und Verlegerin.

Ein großes Dankeschön geht an Sabine Asgodom: Als ich im Dezember 2007 ihr Seminar „So schreiben Sie ein Buch" in München besucht habe, hätte ich mir nicht vorstellen können, dass ich mittlerweile dreizehn Bücher geschrieben habe.

Am 17. November 2011 besuchte ich ihren Vortrag „No risk – no hope" in Lübeck und bekam einen weiteren Motivationsschub für den Aufbau meines Verlages, das Buch-Coaching und die Seminare.

Ganz besonders danke ich meinem lieben Mann Hans Christian für seine Geduld und sein Vertrauen. Er hat viele Stunden auf mich verzichtet, wenn ich an meinem Buch schrieb.

Ein Dankeschön und ein Leckerli geht auch an Senta, unsere Berner Sennenhündin: Sie ist mein Verlags-Maskottchen und weiß inzwischen, wann es besser ist, Frauchen nicht beim Schreiben zu stören. Sie erkennt aber auch die richtigen Momente, wenn dringend ein Spaziergang angebracht ist.

Fehmarn, im November 2013 Beate Forsbach

Senta, das Verlags-Maskottchen

Beate Forsbach:

WORD 2016 (Mac) für Buchautoren
Schritt für Schritt zum fertigen Manuskript

14,8 x 21 cm, 148 Seiten mit farb. Abb.
ISBN 978-3-943134-75-9

Edition Forsbach 2017

Beate Forsbach:

InDesign für Self-Publisher
Schritt für Schritt zum fertigen Layout

14,8 x 21 cm, 132 Seiten mit farb. Abb.
ISBN 978-3-943134-76-6

Edition Forsbach 2015

Beate Forsbach:

WORD 2016 für Buchautoren
Schritt für Schritt zum fertigen Manuskript

14,8 x 21 cm, 148 Seiten mit farb. Abb.
ISBN 978-3-943134-74-2

Edition Forsbach 2017

Edition Forsbach

Bücher mit Herz

Der Verlag ist nach der Verlegerin Dr. Beate Forsbach benannt, die ihrer Edition Forsbach als Autorin und Programmchefin das Gesicht gibt. Sie hat den Verlag im Jahr 2011 gegründet, nachdem sie zahlreiche Bücher, Buchbeiträge und Fachartikel in verschiedenen Verlagen publiziert hatte.

Unter dem Motto *Bücher mit Herz* veröffentlicht die Edition Forsbach Literatur über Lebenskunst, Erfolg, Gesundheit, Schreiben & Veröffentlichen.

Unsere Bücher wollen den Lesern Mut machen, ihr eigenes Leben positiv zu gestalten. Wir möchten damit vor allem die Zielgruppe 40plus erreichen, Menschen, die nach Berufsfindungs-, Familien- und Kindererziehungsphase häufig nach einem Sinn für ihr Leben suchen, der bis ins hohe Alter richtungsweisend sein kann.

Der Verlag hat eine Besonderheit – nicht nur, weil er in der Weltkulturerbestadt Bamberg angesiedelt ist und neben Büchern auch Workshops für Autoren anbietet: Hier betreut die Verlegerin noch alle Buchprojekte individuell und persönlich.

Mit ihrem exklusiven 1:1 Autoren-Mentoring bietet Dr. Beate Forsbach Beratung und Unterstützung von der Idee bis zur Publikation eines Buches, auch in wissenschaftlichen Buchprojekten.

Edition Forsbach

Küchelstraße 9 • D-96047 Bamberg

+49 951 96439936 • info@edition-forsbach.de

www.edition-forsbach.de

Autoren-Mentoring

Bücher schreiben mit Herz

- Dr. Beate Forsbach berät Menschen, die ein eigenes Buch veröffentlichen möchten und unterstützt sie auf dem Weg von der Idee bis zur Publikation, auch in wissenschaftlichen Buchprojekten.
- Im exklusiven 1:1 Autoren-Mentoring in Bamberg, online oder per Telefon/Internet bietet sie Beratung und Unterstützung von der Idee bis zur Publikation und Vermarktung eines Buches.
- Der erste Schritt ist in der Regel ein Buch-Strategie-Workshop. Denn jedes gute Buch braucht ein Konzept, um am Markt erfolgreich zu sein. Dr. Beate Forsbach hat sich darauf spezialisiert, persönliche Buchkonzepte mit angehenden und fortgeschrittenen Autoren zu entwickeln.
- Der Buch-Strategie-Workshop findet 1:1 in Bamberg oder als Online-Kurs statt und umfasst auch Möglichkeiten zur Veröffentlichung und zum Buchmarketing.
- Dr. Beate Forsbach bietet dir an, dein Buch mit ihrer Begleitung zu schreiben: Buch schreiben intensiv und im Team in 6-9 Monaten.
- Dabei wirst du von einer erfahrenen Buchautorin beraten, die neben ihrem früheren Beruf als Studiendirektorin promoviert und ihre Dissertation von 500 Seiten erstellt sowie bislang 24 Bücher publiziert hat.
- Und noch ein weiterer großer Vorteil: Seit über 10 Jahren ist Dr. Beate Forsbach Verlegerin mit ihrem eigenen Verlag. So hast du die Möglichkeit, dein Buch dort oder als Self-Publisher zu veröffentlichen. Du erfährst wichtige Aspekte der Buchpublikation und entwickelst auch schon eine Marketing-Strategie für dein Buch.

Dr. Beate Forsbach – Bücher mit Herz

www.beateforsbach.de